华东理工大学优秀教材出版基金资助图书
“十二五”上海重点图书
社会工作理论与实务丛书
丛书主编／徐永祥　丛书副主编／何雪松

个案社会工作实验教程

Social Casework: An Experiment Curriculum

刘华丽　赵鑫◎著

華東理工大學出版社
EAST CHINA UNIVERSITY OF SCIENCE AND TECHNOLOGY PRESS
·上海·

图书在版编目(CIP)数据

个案社会工作实验教程/刘华丽，赵鑫著．—上海：华东理工大学出版社，2012.5(2023.8 重印)
(社会工作理论与实务丛书)
ISBN 978-7-5628-3243-0

Ⅰ.①个… Ⅱ.①刘… ②赵… Ⅲ.①社会个案工作-教材 Ⅳ.①C916

中国版本图书馆 CIP 数据核字(2012)第 031759 号

"十二五"上海重点图书
社会工作理论与实务丛书
个案社会工作实验教程
刘华丽　赵鑫　著

丛书主编 / 徐永祥
丛书副主编 / 何雪松
项目负责 / 刘　军
责任编辑 / 高　虹
责任校对 / 张　波
封面设计 / 戚亮轩
出版发行 / 华东理工大学出版社有限公司
社　址：上海市梅陇路 130 号，200237
电　话：(021)64250306(营销部)
传　真：(021)64252707
网　址：www.ecustpress.cn
印　　刷 / 上海展强印刷有限公司
开　　本 / 890mm×1240mm　1/32
印　　张 / 8.125
字　　数 / 216 千字
版　　次 / 2012 年 5 月第 1 版
印　　次 / 2023 年 8 月第 12 次
书　　号 / ISBN 978-7-5628-3243-0/C·170
定　　价 / 28.00 元

联系我们：电子邮箱 zongbianban@ecustpress.cn
官方微博 e.weibo.com/ecustpress
天猫旗舰店 http://hdlgdxcbs.tmall.com

華東理工大學出版社
客户端扫码进入天猫旗舰店

内容提要

本书分为上下两篇。上篇主要是个案工作技巧方面的训练，下篇则围绕个案工作的历程设计了一些相应环节的实验。每章中的实验目的、实验要求与实验说明是实验前的指引部分；实验内容部分材料丰富翔实，可操作性强，可供教师根据教学时数的要求自行选择合宜的内容；实验评估部分可在实验的过程中让学员们思考，教师视时机进行分享与评估，也可在实验结束后加以探讨；课后练习部分有助于学员进一步深化学习内容，并激发学员的学习自觉性。

丛书序

在专业共同体的努力下，社会工作已进入一个战略发展机遇期：党中央明确提出了要建立一支宏大的社会工作人才队伍，并颁布了具体的实施意见；政社分开与合作的体制创新拓展了社会工作的发展空间；社会工作教育在本科基础上，硕士与博士研究生层次有了突破性进展。与此同时，我们也清醒地认识到，社会工作并非是不证自明的专业和职业，它需要以自己的专长、能力和优势来赢得社会认同。毫无疑问，社会工作教育界必须主动回应这样的挑战，我们的使命就是要培养一批认同社会工作价值观、通晓社会工作理论与方法的专业人才。

华东理工大学自 1996 年设立社会工作系招收本科生以来，始终以教学、科研、实务和政策四位一体的方式推动着专业的发展。目前学校社会工作专业本科、硕士、博士培养已形成系列，教学和科研的团队也日益壮大并在国内相关实务领域形成了自己的专业特色。基于推动我国社会工作专业化、职业化、制度化的考虑，也为了向公众普及、宣传和推广社会工作学的理论、知识、方法，融入了专业教学及科研的深切感悟，我们早在上世纪就率先推出了配合本科专业教学 10 种一套的“十五”国家重点图书“社会工作与管理丛书”，以及反映世界发达国家社会工作理论与实务前沿著述、引进版权 18 种一套的“十一五”上海市重点图书“社会工作名著译丛”。经过了 10 多年的发展，如今社会工作专业日臻成熟，是时候在新的起点上进一步反思和重整并推出新的丛书了。我们今天推出的本套“十二五”上海市重点图书“社会工作理论与实务丛书”，立足国际视野与中国经验，希望能更加全面、准确地介绍当今社会工作的理论与方法，跟进专业领域的最新知识进展，及时反映中国社会工作专业发展的全新面貌。

我们更愿意视本套丛书的建设为我们专业团队不断成长、成熟的过程，因为如此的发展足迹将指示着我们奋斗的方向。

国际社会工作教育联盟理事

民政部全国社会工作专家委副主任委员

中国社会工作教育协会副会长

上海市社会工作协会会长

华东理工大学社会与公共管理学院院长、博导、教授

徐永祥

目录

下篇　面谈过程篇

上篇

面谈技巧篇

个案社会工作实务的目标是在一对一的基础上帮助案主解决问题并增强其社会适应能力。而社工在整个个案工作过程中所需要的最基本的技术便是面谈了。社工通过面谈与案主建立并保持专业关系,通过面谈了解案主并与之沟通,帮助案主释放情绪,评估案主的问题,深入探讨相关因素,协助案主运用各种资源采取行动、解决问题。在整个个案工作中,面谈贯穿始终,成功的面谈可以使个案工作从一个阶段顺利地过渡到下一个阶段,最终实现案主的自助。可以说在个案社会工作中,社工的主要工作依赖于他们从面谈中了解到什么内容,并在面谈中说了什么内容。

通过倾听,亲人、朋友、理发师、司机、教师、辅导员……每个人都会有帮助其他人的潜在能力。但由于专业人员接受了训练,具有相应的经验,使他们更能进行有效的面谈。尽管能力和人际关系而不是学位或者证书是决定面谈成功与否的关键因素,但不可否认,面谈越专业,个案成功的可能性就越大。所以在上篇,我们将把焦点放在面谈技巧的学习上。

第一章
自我反思与准备
——自我觉察、价值观、人际觉察

在接案之前，社工应该对自身的需要、性格、价值观、人际交往风格等问题有一个系统的反思。这种反思是每个立志从事社会工作的人在其一生的职业生涯中都需要不断进行的长期工作。对自己有全面彻底的了解，一方面可以使我们认识自己，另一方面也可以使我们知道自己是如何与案主产生相互影响的，进而对案主的行为能够作出如实的评价，并给予有益的帮助。

一、实验目的

通过课程实践帮助学员了解自我反思中的要素，如自我觉察、价值观和人际觉察等，学习运用这些要素来觉察并且处理关于自己在社会工作专业中、与案主交往中的相关议题，进而能够发展出社工所应具备的特质和行为。同时帮助学员深刻地认识自己的局限和优势，从而加深对自我的认知，并尝试处置不同的案主情境，以提升自己的专业能力。

本章的学习，将帮助学员达成下列目标：

(1)借着社交风格量表界定自己的社交风格，以便在专业关系的互动中根据自己的社交风格作适当的反省和调整。

(2)凭借着对一个案例的讨论，确认可能影响专业关系发展的相关议题，如价值观、伦理等。

(3)通过自我评量检核表觉察自己与他人互动的风格。有越多的觉察，就越有助于学员了解自身和案主，从而更自觉地完善自己的专业自我。

二、实验要求

因为本章涉及自我反省部分，所以单单靠课堂练习还远远不够，学员应该在平时的学习、生活和社会服务中多多体会专业自我的各个层面。实验前，指导教师根据本章提供的活动和案例分配每一环节的课时。为便于学员的角色扮演与互动学习，指导教师宜先行把相关案例发给学员，并请学员预习本章的重点内容，多进行自我反省以便于有针对性地交流、探讨。

(1)实验时数:4 课时。

(2)实验设备:独立的面谈室、小教室、多媒体电子教学设备(或摄像机、电脑、投影仪)、移动椅子。

(3)实验人员选择:本章模块一与模块三的实验，需要全体学员都参与到实验中来。模块二中的角色扮演，教师可以根据学员的意愿及其表演能力，选择合适的人员进行扮演。分组讨论的部分则可以让学员就近组合，但人数宜有控制，以利于大家能投入且充分地进行交流。

(4)实验前的准备工作:教师宜注意场所的安静，便于学员能静心思考量表中的题目。建议复印足够的量表，而不是让大家看投影中的题目，这样能减少检测中的干扰因素。角色扮演时应设置专门的区域，并可选择一些道具，以模拟家庭、医院或辅导室等情境，让演示的同学能更好地进入角色。

三、实验要素

专业社会工作的服务过程非常强调自我反思的重要性，个案社工需要经过不断探索来发掘和了解自己的真实面貌。自我反思与成长的过程使社工能重新审视自己、了解自己，也能促进他们和案主面谈关系的建立并达到良好的效果。只有当社工能坦然面对自己，了解自己的优点、缺点、限制和资源所在时，才能帮助案主面对他们的问题并愿意积极解决之;同时自我反思对社工自身的人格和专业成长也会大有帮助。

这种专业性的自我反思并不是可有可无的，经过自我反思而产生的专业自我是一切技巧的重要载体。因此鉴于自我反思的重要性,我们的实验课会先从自我反思开始,以帮助学员学习有效的自我省察、澄清价值观、觉悟人际动力,从而更有利于专业社会工作服务的开展。

1. 重点概念

下面我们将结合社会工作专业的特点,将自我反思分成三方面:自我省察、价值观澄清、人际觉察。

(1)自我省察。这里谈到的自我省察重点是指对人格(性格)的体认。人格是一个人在稳定的态度和习惯化了的行为方式中所表现出来的个性心理特征,是由许多人格特征所组成的统一体。例如,谦虚或骄傲、诚实或虚伪、勤劳或懒惰、勇敢或懦弱、果断或犹豫不决等都是人的性格特征。一般来说,人的性格不是一朝一夕形成的,但一经形成就比较稳定,并且决定了他(她)的行为方式,贯穿在他(她)的全部行动中。"江山易改,禀性难移"就是说明这种人格的稳定性。但人格也不是一成不变的,也可以通过后天环境的塑造和自身的努力逐渐发生改变。

认识自己的人格是自我认识的关键。社工因为经常和人打交道,因此人格应是社工需要思考的非常重要的特质。如果社工是一个很害羞不甚开朗的人,若仍希望从事个案社会工作,那与人交往是对他(她)特质的一个巨大挑战。每位社工都需要思考一个问题:"我的人格里是不是有一些东西不适合从事临床社会工作?"即使是性格外向、喜欢与人打交道的社工,与案主交往中也需要随时审视自己性格对辅导关系的影响,比如社工的驾驭型性格就会给案主造成压迫感,可能会迫使案主为了迎合社工而朝着自己不希望的方向努力。

(2)价值观澄清。价值观代表一个人对周围事物的是非、善恶和重要性的评价。它涉及人们对一切事物的价值评判,即事物在心中有轻重主次之分,如对自由、幸福、自尊、财富、情爱、地位、诚实、平等、服从、公平、正义等的排列。一个人的价值观是由他(她)的世界观和人生观决定的,通常包括了他(她)所持守或批评的信念和原则,也与个人的道德标准和行为取向有密切的关系。它影响着人们如何作决定、如何期望、有何态度、付诸怎样的行动等等。因此,在同样的客观条件下，具有不同价值观的人会作出不同的行为。比如在同一工作环境中，有的人对地位、升职看得很重，有的人则注重对工作是否感兴趣，有的人却看重收入多寡，即使是不喜欢的工作，只要收入多也可以忍受。这些都因价值观不同所致。

虽然个人的价值观会随着生活的变迁、时间的流逝而发生变化，例如幼年时认为珍贵的东西，到青年时却不喜爱了，年轻时觉得并不重要的东西，到老年时却视为宝贝，但是有些基本的观念往往相对稳定，而这些稳定的观念对一个人的行为会起到长期的指导作用。

任何从事助人工作的行业都需要该行业工作者在从事工作之前仔细思考价值观的问题。在个案服务的过程中，除了社会工作的专业价值观和伦理守则外，我们必须明白我们独特的价值观随时随地都在影响着我们自己和案主。为了帮助案主解决他们的问题，理论上社工常需要先帮助他们认清他们的价值观，并且根据他们的价值体系来决定保留、采纳或放弃某些观念、行为，这就是所谓的价值中立。但在面谈中绝对的价值中立并不存在，社工是带着自己的价值观念在进行面谈，他(她)必须清楚地认识到，即使想保持价值中立，但自身的价值观还是会随着个案服务过程的某个细节无意中流露出来，并给案主带来一定的影响。正如林孟平在《辅导与心理治疗》中所说："我们相信一个辅导员无论是有意识或无意识的行动，追溯起来实际就是他(她)自己的价值观的投影。故此，若是他(她)本身生活内涵丰盛，很可能就可以引导当事人的生活内涵趋于丰盛；反之，若是本身很贫乏和枯槁，也可能限制当事人生命潜质的发挥。"①因此，社工自身的价值观对个案服务过程的影响绝对不容忽视。有鉴于此，社工应该尽量注意不把自己的价值观强加给案主，并不断拓宽修正自身的价值观，以更好地运用专业自我帮助案主面对他们的困境。

(3)人际觉察。当社工在面谈中逐渐积累起辅导经验时，他们一定能够觉察出案主对自身的影响。案主可能会触动社工的内心深处，而使他们以某种特定方式作出反应、有特别的感觉，或使他们忧

---

① 林孟平著：《辅导与心理治疗》，商务印书馆 1994 年版，第 37 页。

虑甚至失眠。这是因为每个人都带着来自"过去"所给他的伤口。包括社工在内,没有一个人的过去会是完全健全的,人们都学会了应付自己和别人的方式,这些方式有些是健康且具有建设性的,有些却是不健康且具有防卫性的。在服务过程中,社工不需要求自己是一个没有任何"伤痛"历史的人,重要的是觉察到自己的伤痛所在,能了解由案主所开启的伤痛,而且要由自己负起疗伤的责任。否则社工可能不经意间让案主替自己疗伤,可能把自己的生活带进了案主的生活,以此来满足自己的需要,而非满足案主的需要。如果出现这种情况,案主和社工的关系将变得非常危险。

在面谈过程中,社工需要觉察出自己和案主互动的风格,若缺乏人际知觉,社工可能会威胁到应在专业关系中产生的工作同盟和治疗力。因此,社工需要随时反省自己在和案主交往过程中的能力、动机、情感等。

2. 实验说明

自我反思包括许多方面,针对本章提出的最为重要的三项反思,我们配备了三方面的实验内容:第一模块为"对自我人格的认识",第二模块为"价值观的澄清与探讨",第三模块则是训练学员"人际觉察能力的提高"。可以根据学员培养目标与发展方向的不同,有针对性地侧重某些模块的训练。

(1)对自我人格的认识。社工了解自己的性格类型是非常重要的事情,本书选用的社交风格量表(Bon philips)并没有囊括性格测试的各个方面,而是根据社会工作的特点侧重于社工在专业工作中的社交风格测试。这个测试的目的并非要取得一个严谨的测验数据,为学员作相当专业的社交风格分析;而是希望借着这样的测试,帮助学员去界定自己的社交风格,以便对专业关系的互动有所助益。

本章将通过量表使学员了解自己的性格倾向和行事风格,以帮助学员在与案主交往过程中随时审视自己的性格对辅导关系的影响。

(2)价值观的澄清与探讨。在个案辅导的过程中,社工将频繁面对价值观的冲突,这种冲突甚至会影响面谈关系的建立及案主的反应。本模块提供的是 2009 年发生在美国纽约州的一起真实的离婚案。这起离婚案虽然没有牵涉到社工,但是因为案例中纠结的各种关系和价值观的冲突有利于学员分析和思考,所以本模块提供这个案例,并请学员进行角色扮演。通过观察和扮演,使学员试着注意角色扮演中的情感、态度、价值观以及行为,让学员先来体验价值观的冲突,并学习在面谈关系中如何使用个人价值观,而后教师可以根据本章分析与评估中的提示问题来组织学员讨论。

(3)人际觉察能力的提高。初为社工,或初次接案,学员基本上很难具有这种人际觉察的自省能力。人际觉察能力的提高意味着社工越来越清楚地看到在建立助人关系时,自己的哪些反应对专业关系是助力,哪些是阻力。通过人际觉察能力的运用,社工能够认清自己在人际关系中该发挥怎样的作用,能够及时反省自己的工作风格、对他人的影响等等。

本模块的训练主要是想帮助学员确认自己有哪些态度和行为可以促进或干扰正向助人关系的建立。在这个活动中有一个"自我评量检核表",学员的任务是利用检核表评估目前的态度和行为;如果学员尚未接案,或接触的案主不多,可以鼓励他们试着评估他们相信在真实互动中会表现出的行为;在随后的小组讨论中和同学、教师或督导讨论自己的评量表。这个量表没有评分,教师可根据本章分析与评估中的内容,鼓励学员多作些小组的探讨与分享,以拓展每个人的经验与知识。

四、实验内容

实验模块一:

对自我人格的认识

发给每个学员社交风格量表①(共有两个分量表:一个是询问者

① 鲍布·腓立普斯著,胡茉玲译:《与豪猪共舞》,台北校园书房出版社 1996 年版,第 27 - 47 页。

与讲说者评定量表,另一个是工作取向与关系取向评定量表),在 20 分钟内做好。

(1)由教师根据本章分析与评估中的说明出示测试方法,并指出不同的社交风格的特点,让学员有所依循,慢慢找出自己的社交风格。

(2)分小组讨论自己的社交风格在个案社会工作面谈中的利弊。

[量表 1-1]　询问者与讲说者评定

使用量表 1-1 来帮助你勾画出自己的行为形态。在询问者与讲说者评定表格最左栏,列有 20 条线索。针对每一条线索,都有两种反应方式,试着回答这些问题:"我最常做的是什么?""哪一种选择我觉得比较自在?"然后在表格中勾出你适合的反应。最后总计询问者与讲说者的分数,哪个分数高,你即属于哪一类型。

量表 1-1　询问者与讲说者评定

线索区域	询问者	讲说者
一般行为风格	□比较不果断	□比较果断,比较外向
压力情境下的外显反应	□逃避	□对抗
压力情境下的内在反应	□害怕	□生气
一般性的谈话	□沉默、迟疑地沟通,话讲得少	□多话,随时都可以沟通
谈话的速度与品质	□速度较慢,较有内容	□讲话快又多,比较多强调性的陈述
谈话的音量	□声音较柔和,较少高低起伏	□讲话声音较大,以挑战性的口吻谈重点
问题	□问题倾向澄清、支持或为了信息而发	□修辞性强调重点,挑战信息
身体动作及手势	□动作较慢,较悠闲自在	□动作较快,肯定地点头,手指着他人
身体姿势	□讲话、问问题或提意见时,身体偏向后倾	□讲话或提意见时,身体偏向前倾

（续　表）

线索区域	询问者	讲说者
目光接触	□不直接、不一致，较不专注	□直接、一致，比较专注
意见	□有内容，不强迫	□较有强迫性，分享意见，喜欢有所强调
质问	□较少质问，较不具侵略性	□较多面质，较有侵略性
与人相会	□较被动，避免打扰他人	□主动式的，喜欢让人认识
作决定	□作决定比较慢，不喜欢给别人压力	□决定下得快，也会催促他人作决定
冒险	□不爱冒险，较保守	□喜欢尝试新事物
初次印象	□讨人喜欢，羞涩	□太强势，多话
对团体的态度	□配合团体，支持他人	□较喜欢指挥团体
权力	□避免权力的运用	□较喜欢运用个人及职务上的权力
他人说话时	□能够仔细聆听	□比较难听人说话
压力下的反应	□退缩、放弃或随意	□缺少耐心，变得有攻击倾向
	累计________	累计________

线索评定分数显示出自己的行为比较倾向于：

□询问者

□讲说者

[量表1－2]　工作取向与关系取向评定

在量表1－2的最左栏，列有20个线索。针对每一个线索，也有两种反应方式，试着回答这些问题："我最常做的是什么？""哪一种选择，我觉得比较自在？"然后在表格中勾出你适合的反应。最后总计工作取向与关系取向的分数，哪个分数高，你即属于哪一类型。

量表1－2　工作取向与关系取向评定

线索区域	工作取向	关系取向
优先顺位	□工作优先于关系	□关系优先于工作
穿着	□较正式	□较舒适自在

(续 表)

线索区域	工作取向	关系取向
谈话声调	□有些变化	□变化很多
谈话内容	□当前的议题与工作	□人们、故事、插曲
手臂使用	□手臂靠拢,姿势有限	□手臂开放式,姿势多
身体姿势	□较僵硬	□较放松
面部表情	□较拘谨	□较可亲、愉快
一般的态度	□较严肃	□较有趣
初次与人相会时	□倾向有所保留	□喜好交际
情绪	□较隐藏,而且克制	□比较愿意讲话,比较开放
一般常识	□拥有很多资料、信息,能够作特定的陈述	□蛮多意见与故事,倾向作概括性的陈述
闲言闲语	□较缺乏兴趣	□较有兴趣
笑话与故事	□较缺乏兴趣	□较有兴趣
决策过程	□较凭事实	□较凭感觉
时间之运用	□有系统,较缺乏弹性	□较有弹性,但较没系统
督导	□喜欢设定目标及有客观性的督导	□喜欢关心“人”的督导
对于一般规则之态度	□比较遵从规则本身、交友纪律	□较以“精神”为主,对规则尺度较宽松
非口语行为	□回应比较慢	□立即式的回应
意见分享	□比较谨慎、保留	□比较冲动、强势
与他人之关系	□保持一点距离,较难认识	□容易认识,倾向于寻找他人的注意力
	累计________	累计________

线索评定分数显示出自己的行为比较倾向于:

□工作取向型

□关系取向型

实验模块二：

价值观的澄清与探讨

［案例］“索肾夫”案例

教师课前请两组学员根据下面提供的几份资料，准备角色扮演。一组扮演案例中的丈夫和家庭社工，另一组扮演案例中的妻子和家庭社工。丈夫和妻子分别向社工描述自己的遭遇和处境，社工则聆听，并作相应回应。实验开始，其他学员认真观摩，并想象如果自己是社工将会有什么样的反应，然后5～7人组成一个小组分析、讨论下列问题，并请各小组选出代表来陈述小组的观点。

关于丈夫：

1. 索肾夫的做法你能认同吗？理由是什么？

2. 试着找出你现在所拥有的任何会让你以不赞同的态度和丈夫沟通，或是让你无法促进理查德福利的价值观或偏见。

3. 若你对索肾夫有偏见，你的这些偏见可以反映出你对某人或某事的过去经验吗？

4. 你的价值观会影响案主吗？

5. 你能有效地协助案主吗？

关于妻子：

1. 道妮尔的做法你能认同吗？理由是什么？

2. 试着找出你现在所拥有的任何会让你以不赞同的态度和道妮尔沟通，或是让你无法促进道妮尔福利的价值观或偏见。

3. 若你对道妮尔有偏见，你的这些偏见可以反映出你对某人或某事的过去经验吗？

4. 你的价值观会影响案主吗？

5. 你能有效地协助案主吗？

2009 年美"捐肾男"竟因妻子外遇而要求还肾①

[资料 1] 丈夫捐出健康肾脏

现年 49 岁的理查德·巴蒂斯塔是美国长岛大学医学中心的一名外科医生,他和现年 44 岁的护士妻子道妮尔在 1990 年 8 月结婚。两人婚后住在理查德价值 100 万美元的豪宅中,道妮尔为丈夫共生育了 3 个可爱的女儿。然而,道妮尔却在 20 世纪 90 年代末被诊断出肾脏病,身为外科医生的理查德每周要给妻子注射三次治疗药物,然而,道妮尔的病情却不断恶化,她的脾气也越来越糟,两人的婚姻开始遭遇暗礁。

道妮尔曾经接受过两次肾移植手术,但都因排异问题而导致失败。2001 年,理查德主动要求向妻子捐赠一个自己的肾脏,以挽救妻子的生命。如果理查德不主动捐肾,道妮尔必须在长长的肾移植患者等候者名单上排队,而当时纽约州就有 6 748 名患者在等待换肾。医生对理查德进行医学检测后,发现理查德的肾脏和妻子道妮尔的血型非常匹配,这一罕见的概率仅为七十万分之一。

2001 年 6 月 28 日,道妮尔在明尼苏达州一家医院中接受了肾移植手术,接受了丈夫理查德一个健康的肾脏。换肾手术非常成功,拥有新肾脏的道妮尔很快恢复了健康,慷慨捐肾的理查德也开始幸福地憧憬着他们的未来。

[资料 2] 妻子红杏出墙

道妮尔接受换肾手术后,开始重回大学攻读护理专业,并获得了硕士学位。此外,道妮尔还练起了空手道。然而 2003 年,试图考取黑腰带的道妮尔在一次格斗中不慎膝盖受伤,不得不接受身体康复治疗。可令丈夫理查德做梦也没想到的是,道妮尔在治疗过程中竟

① 资料来源:《现代快报》,2009 年 1 月 9 日。

然红杏出墙，背着丈夫和物理治疗师发展出了一段私情。

当理查德发现妻子的背叛行为后，感到又痛心又愤怒。理查德回忆说："这就好像在我的心上捅出了一个洞一样，被妻子以这种方式背叛，我感到羞辱极了，我无法描述当时的心情。"当理查德向妻子进行质问时，他们发生了激烈的争吵，2005 年 7 月，道妮尔要求和丈夫离婚。理查德回忆说："一天，当我在手术室中抢救一名病人时，她走进手术室，将一大沓离婚文件扔到了我面前。"

[资料 3]　丈夫开打"离婚索肾案"

道妮尔随后带着 3 个女儿开始和丈夫分居，并拒绝理查德探望他们 3 个现年分别为 14 岁、11 岁和 8 岁的女儿，道妮尔和理查德的离婚官司一直打到了 2009 年。理查德·巴蒂斯塔可以靠一颗破碎的心活下去，但他无法容忍红杏出墙的妻子道妮尔靠他捐赠的肾脏而活着。理查德日前又向纽约当地离婚法庭提出诉讼，称道妮尔要和他离婚可以，但她必须归还他 8 年前捐赠给她的肾脏，或者支付给他 150 万美元的赔偿金。理查德说："没有比遭到你用整个生命去爱的人的背叛更让你感到痛苦的事了，我拯救了她的生命，但她带给我的痛苦却令我无法忍受。"

理查德的律师多米尼克·巴巴拉称，他们甚至找了一位医学专家来评估一个肾脏的"真正价值"。巴巴拉说："从理论上来说，我们只是要求她归还他的肾脏，不过很显然他无法要回自己捐赠的肾脏，所以他想要的是这个肾脏代表的价值。"

[资料 4]　手术难做

美国乔治敦大学肯尼迪伦理协会医学伦理学家罗伯特·维奇说，在美国，没有任何医生会做这样的"还肾手术"，也没有任何一家法庭会强迫道妮尔接受这样的手术。

实验模块三：

人际觉察能力的提高

本模块提供自我评量检核表①，实验开始，要求其他学员认真思考量表中的问题，并对自我进行评价，然后分成若干小组讨论。

1. 能力评估

(1)关于我自己的建设性负向回馈不会让我自我贬抑。

(2)我倾向于经常自我批判。

(3)我对自己身为一位助人者有相当的信心。

(4)我经常担心自己不能成为一位有能力的社工。

(5)当我卷入一场冲突时，我不会忽视或逃避它。

(6)当我接收到关于自己的正向回馈时，我常常不相信这个回馈是真话。

(7)在成为一个助人者时，我设立可达成的实际目标。

(8)我相信面对带有敌意的案主会使我感到不自在或无能。

(9)我发现自己常因为自我或我的行为向他人道歉。

(10)我对自己能够或将要成为成功的社工有相当的信心。

(11)我发现自己非常担心不能成为有效的社工。

(12)将我理想化的案主会让我有些害怕。

(13)我常常设立自己难以达到的标准或目标。

(14)我会尽可能避免面对负向的回馈。

(15)优秀或成功的表现不会让我觉得不自在。

2. 权力评估

(1)凭良心说，我想我使用的辅导方法的确比他人的方法好一些。

---

① 量表改编自 Sherry Cormier 和 Bill Cormier 著，王文秀等合译：《助人者的晤谈策略——基本技巧与行为处遇》，心理出版社股份有限公司 2000 年版，第 52 - 53 页。

(2)多数时候我会试着让他人去做我想要做的事,若案主不同意,或在面谈时不听从我的指导,会让我相当地防御或不舒服。

(3)我相信在面谈时我和案主之间是均衡的合作关系。

(4)当我面对抗拒或倔强的案主时,我会感到愤怒。

(5)我知道我可能会企图让案主接受我的意识形态。

(6)身为一名社工,我不会将自己的观念灌输给案主。

(7)有时候当案主看待世界的观点和我不同时,我会觉得不耐烦。

(8)有时我不愿意将案主转介给他人,特别是不愿意转介给辅导风格与我不同的社工。

(9)有时我会拒绝或不能忍受价值观和生活形态与我非常不同的案主。

(10)对我来说,避免和某些案主进行权力斗争是困难的。

3. 亲密感评估

(1)有时我的行为比我真正所感觉的还要粗鲁。

(2)我很难对案主表达正向的情感。

(3)有一些案主,我会宁愿他们是我的朋友而非我的案主。

(4)若案主不喜欢我,会让我很不舒服。

(5)若我感到案主对我有负向的感觉,我会尝试去讨论这个问题,而不会去逃避它。

(6)很多时候我会放弃自己的方式,以避免触怒案主。

(7)在我和案主之间维持一个专业的距离会让我感到比较自在。

(8)和他人亲近不会让我觉得不自在。

(9)当我和他人保持点距离时,我会觉得更自在。

(10)案主对我是什么样的感觉会让我很敏感,特别是负向的感觉。

(11)我可以很容易就接受来自案主的正向回馈。

(12)对我来说,面对案主是件困难的事。

五、分析与评估

本章主要帮助学员把握自我反思中的三项重要内容，即自我觉察、价值观澄清和人际觉察。这些要素不仅对自我反思非常重要，而且对整个个案服务过程和服务效果都起着有效的推动作用。虽然本章把它们单列出来分析，但其实它们是彼此关联和相互影响的，并且还有很多值得我们关注的自我反省的内容。在面谈过程中，学员只有不断地感知自己的各方面特质，才能更好地为案主服务。下面我们对上述的一些案例与练习加以分析，并设立相关的评估指标，以利于学员的分析与把握。

实验模块一：

对自我人格的认识

教师先帮助学员区分两种人格形态：询问者与讲说者。所谓“询问者”是指较不果断、比较内向、较不具侵略性的人；“讲说者”是指比较果断、比较外向、比较有侵略性的人。然后，再从行为取向上去区分两种情形：“工作取向”及“关系取向”。前者的特征是思考首位、情绪克制、良好的自我形象及最满意自己完成任务；后者的特征是情感首位、情绪感应、良好的自我形象及最满意自己被人接纳。由这两项指标去画出纵轴与横轴交会的四个象限（见图1－1），便形成了四种社交风格，分别是分析型（询问＋工作）、驾驭型（讲说＋工作）、可亲型（询问＋关系）、表达型（讲说＋关系）。具体解说如下：

分析型的特质：

- 讲求制度与规定
- 重逻辑与事实
- 重过程与细节
- 条理清晰
- 擅长数字与分析
- 有完美主义倾向

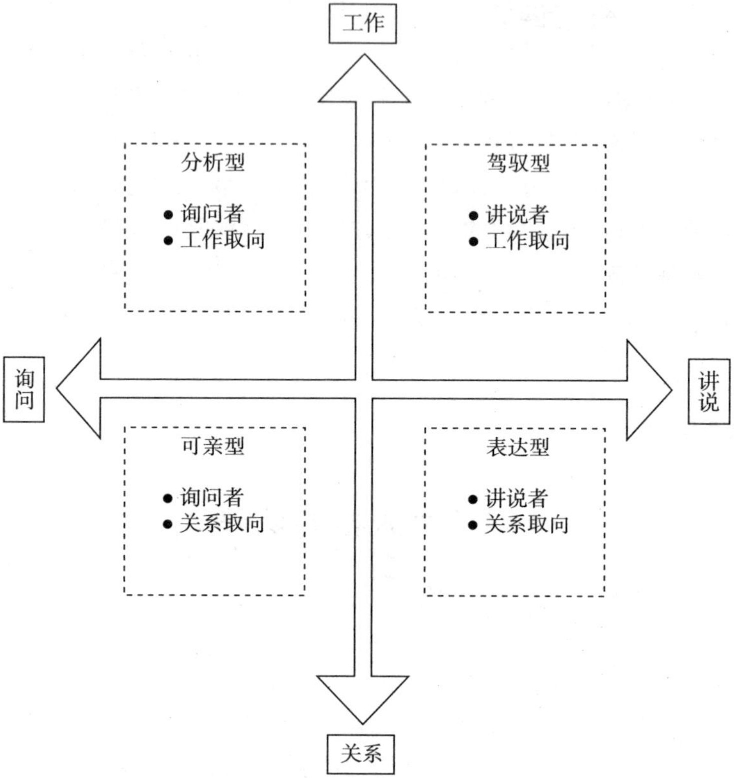

图 1-1　四种社交风格

驾驭型的特质：

●重视结果

●讲求速度与效率

●表达简短而直接

●态度坚决，使人有压迫感

●做事果断坚决

●目标导向强，较理性

可亲型的特质：

●重视人际和谐

●乐意倾听而较少说话

●让人觉得真诚

●和蔼可亲，亲和力强

●处事较低调，不爱变动

●重视团队精神

表达型的特质：

●喜欢处在人群中

●喜欢表达并影响人

●个性随和、幽默，是个开心果

●有兴趣了解别人

●有创意、喜变化，不爱墨守成规

●经常为别人的事而忙

分析与评估时，学员应较多地进行自我反思与评估，学员可就以下问题进行思考：

1. 自己的社交风格是一成不变的吗？

2. 有什么事件或者活动可以让我们的社交风格发生转变？

3. 是否在不同的个案面谈阶段需要采用不同的社交风格？

4. 社交风格不同的人该如何配搭服务案主？

5. 你喜欢自己的社交风格吗？它符合你自己的自我形象期望吗？

社交风格还会受到生活事件和学员自身阅历的影响。有人可能原先是可亲型的，但是由于参加了社团活动，有了很多向别人表达自己想法的机会，就渐渐变成了表达型者。或者一个表达型的人和一个分析型的人成为好朋友，时间长了俩人也会彼此影响。总之，职业、学习、工作、人际关系都会对社交风格产生影响。而且个人的喜好也会决定自己在个案面谈中表达的社交风格。比如有些女孩很喜欢自己亲和的个性，她常常听到青少年案主称她为知心大姐姐，由此她可能会更加努力地培养自己善于倾听、注重关系的品质。但持这种社交风格的人也需要更进一步思考，自己的可亲型虽然在和案主建立关系时发挥了巨大作用，但是到了要具体解决案主问题的时候，是不是又因为自己过于注重关系而很难对案主进行面质呢？

教师需强调，每个人的社交风格迥异，各种风格没有对错之分，每种风格都有它的优点，也不可避免会带来一定的困扰。教师要帮助学员明白，这个测试不能完全限制学员自身的行为模式和人格。然而测试提出一个方向，对于学员所困扰的人际互动给予一个可能的答案，帮助他们了解社交风格的差异的确会为面谈带来一些助力和摩擦；但是，若能够大致掌握各种风格的互动模式、长处与短处、需求与满足，则一定有助于面谈的顺利进行。

实验模块二：

价值观的澄清与探讨

从学员的角色扮演和想象中也许可以显示出他们对婚外情、忘恩负义、感情不和等主题持有的特定偏见和价值观。

在角色扮演中，扮演者和观察者都应该仔细留意自己内心的想法，以及自己对案主所持的价值观念将怎样影响自己的心情和面谈的进展。而学员也需体会接纳案主本人，并不代表要认同他的价值观。

我们这里以与丈夫面谈的社工心态为例来进行分析。我们假设社工不能认同"索肾夫"的做法。美国乔治敦大学肯尼迪伦理协会医学伦理学家罗伯特·维奇在谈到这个案例时说："捐赠器官是一种合法的礼物，当你送出某样东西时，你不可以再要回来。现在这已经是她的肾脏，如果他再将这个肾脏要回来，她将不得不接受透析治疗，或者会因此死亡。"

该名社工不能认同的理由，可能是这位丈夫此时所做的事情将把自己的妻子置于死地，是其因为被背叛、心生嫉妒而做出的过激举动。既然当初爱妻子，愿意为她捐献自己的一个肾脏，那么这个肾脏就是妻子的了。此时索要这个肾脏则表达的是对妻子的仇恨。

虽然丈夫在受到伤害后，有仇恨、愤怒、嫉妒可以理解。但是在长达几年的时间里一直不能释怀，这不单单是对妻子的伤害，也是对自己更大的伤害。

不认同索肾夫做法的社工之所以有这样的想法，可能与自己过去的经验有关。或者是家庭里就有这样无休无止的恩恩怨怨的故事，已经厌倦了这种只讲公平不讲爱的思维方式；或者是社工曾经见过或听过其他类似的故事，使得社工对案主有偏见，觉得他心胸不够开阔，做事固执。

在面谈的过程中，借着社工所关注的，或者透过其非口语方式表达出来的反对的态度，社工可能不经意地会影响案主。但社工需要有高度的警觉，不应该把自己认为正确的价值观，甚至是符合主流价值体系的价值观强加给案主。因为案主个人的看法、道德理解力与社工不同，他也受到了自己生活事件、过往经验的影响。

社工应该对案主有同理心，体恤案主几年来的痛苦经历，而后帮助案主分析案主想法的由来和对自己及他人的利害关系。社工不应将价值观强加给案主，但也不应对案主的所作所为没有任何表达，社工应该给案主时间，引导案主对自己的情感、思维、行为进行反思，做到利己利人。

实验模块三：

人际觉察能力的提高

本模块中的自我评量检核表提供了有关人际觉察不同领域的思考问题。学员可以针对每一个问题把自己放置在想象的场景中，逐一进行思考，进而来反省自己在人际互动中的能力、亲密感等方面的问题，可参考下列提示进行分析和评估。

1. 能力评估

人们对自己的态度会对其行为有明显的影响，对自己持有负向看法的人将会贬抑自己，会在人际互动中去寻求那些给自己正向看法，或逃避那些给自己负向看法的人，以增加自己的信心。但是自己的消极自我意象常常会因为人们消极的评价而得到确认，而不能客观地认识到也有人给自己积极的评价。往往有消极自我意象的人更喜欢反复思考那些负向的评价和处境。若我们对自己的能力或价值缺乏信心,我们可能会将此态度传达给案主;或者我们认为自己没有足够的辅导能力,我们会不经意间构建出符合自我意象或消极自我图像的辅导历程。而一个这样脆弱的人,将很难成为有效的助人者。

2. 权力评估

进行面谈时,权力有好几种被社工误用的形式。一种权力欲是社工可能企图成为全能的人,对这样的人而言,面谈唯有在其可控制的情况下才能进行。这样的社工会应用各种方法保有控制的权力,包括劝导案主去做社工要做的事。当案主抗拒或犹豫时,社工就变得烦乱或防卫,以及支配面谈的内容和方向。需要控制权的社工常在面谈中忙于和案主进行权力争斗。相反,社工也可能害怕权力和掌控,这类社工尽可能地试着减少在面谈时所担负的责任和参与感,他们借着准许案主有很强的指导性和自己不表达意见的原则,来避免承担控制权;换言之,社工避免或漠视了可能的风险。另一种权力欲是社工想成为"转换生活形态者",也就是说这种人非常重视某种特殊生活形态的价值,因此会借着面谈的影响力来改变案主的生活形态或意识形态。在此情形下,面谈就成了发表社工个人观念的舞台。比如一位信奉佛教的社工认为案主只有信奉佛教才能真正解决他(她)的痛苦和问题,于是努力地"指导"案主也成为一位佛教徒,或者一个喜欢自身职业的社工一直暗示青少年案主读大学时可以选择社工专业,这些都是不合宜的。

3. 亲密感评估

社工未被解决的亲密需求也会明显地转换面谈的方向和内容。一般而言,有亲密感困扰的社工会害怕被拒绝或被亲密感所威胁。害怕被拒绝的社工可能会做出让案主接受或喜欢的行为。例如,社工为了害怕案主会终止面谈关系而避免挑战或面质案主,或者社工会巧妙地寻求案主正向的回馈,以保证自己是有价值以及被案主所喜欢的。害怕亲密感的社工在面谈关系中会制造过大的距离,社工会借着忽视案主正向情感的表达,或表现出粗野、有距离或冷漠的态度，以及透过"专业角色"和案主建立有距离的关系，来避免情感的亲密性。这些反应会让案主觉得被社工抛弃或拒绝。

六、课后练习

1. 生命线练习

在社交风格量表中，并没有讨论每个人的社交风格到底是怎么形成的，有没有受到家庭或其他生活事件的影响。我们可以通过生命线练习来认识自己是如何形成如今的交往风格的。

下面一条线是你的生命线（见图 1－2），代表你从出生到现在的整个过程。在生命线上写出四项你认为过去最大的成就或难忘的事（开心的或痛苦的），并回忆这些事情对你性格的影响。

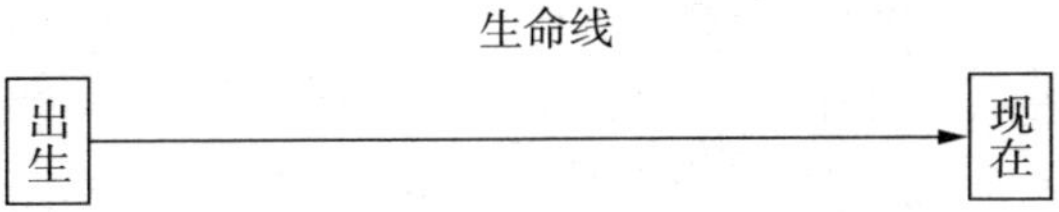

图 1－2　生命线

2. 专业伦理两难的处理

假设你是一名社会服务机构的社工，你的案主陈先生的妻子已经去世，陈先生自己因为心脏病和糖尿病等多种慢性病内退在家已三年，身体非常虚弱，且妻子生前看病所欠的 12 000 元债务尚未还清，唯一的女儿在外地上大学一年级。按照有关规定，陈先生家符合低保条件，你负责帮助他办理了低保手续。但陈先生仍觉得生活举步维艰，他 80 多岁的老母亲也心疼他，让他搬来与自己同住。陈先生考虑再三便决定搬到母亲家去住，尽管他知道，住在他母亲、弟弟、弟媳和侄子只有 50 平方米的家中很不方便，但是他觉得自己没什么赚钱的能力，不住过去也不是办法，只要弟弟、弟媳暂时还接纳他，他就先住着，这样可以出租自己的小房子，每月可增加 600 元收入，也好改善一下生活，填补女儿上大学的开支。陈先生说因为一直接受你的帮助，对你很信任，所以告诉了你，并且说你是很有同情心的社工,希望你替他保密,等到女儿工作了,他们的生活就会好起来了,就不用领低保了。但你知道,陈先生家的收入现在已经超过了政府规定的享受低保的资格线,按照规定应该取消陈先生的低保资格,但你又觉得陈先生家的情况确实很窘迫。此时,你该怎么办呢?

3. 当你面对的是以下几种服务对象时,你能有效地向他们提供服务吗?如果不能,是否存在某些偏见影响你对某种或某几种服务对象提供服务?如何帮助自己避免将自己的价值观强加于案主?学员们可以先自行思考,再分组交流。

(1)一名以卖淫为生,有经济困难的妇女;

(2)一名28岁的男性,患有侏儒症;

(3)一名男同性恋白领;

(4)一名患有间歇性精神分裂症的妇女;

(5)一名沉迷网络的男大学生;

(6)一名做二奶的女大学生;

(7)一名充满幻想、行为不羁却从不行动的流浪艺人;

(8)一名非常有控制欲、脾气暴躁的男性老人。

第二章 倾听与回馈

——专注、简述语意、鼓励

“倾听就是爱，了解中有医治”。① 倾听是所有辅导反应和策略的先决条件，在完成辅导中的任何一项任务之前都必须做到有效的倾听。一位社工如果无法做到倾听，可能会让案主在自我探索时感到气馁，也可能讨论的主题不是案主真正的困扰，或者可能社工会过早地提出问题解决的策略，而案主则被迫按着社工的意思向前走。因此在社工的面谈技巧中，倾听是第一环，也是关键的一环，恰当的倾听是专业关系建立的良好开端。

一、实验目的

倾听与回馈技巧在专业关系建立初期经常被使用，是一组最基本的技巧。这些基本技巧包括积极专注、简述语意及鼓励等。本章将通过课程实践帮助学员了解倾听与回馈技巧，并学习运用这些技巧，通过肢体及口头语言，令案主感到被尊重、被理解、被接纳，从而维持工作关系，并能诱发案主动机使其积极投入面谈。

学完本章，学员将可以达成下列目标：

(1)了解和熟悉专注的基本技巧，通过角色扮演，使学员体悟积极的专注与消极的倾听给案主表述带来的不同影响。

(2)借着实验模块二前两个案例简述语意的练习，使学员能够准确把握简述语意的要领，通过第三个案例体会社工如何通过简述语意技巧来达成对案主问题的了解。

(3)通过角色扮演中两位社工截然不同的辅导模式，帮助学员学

---

① 黄维仁著：《亲密之旅学员手册》，中国轻工业出版社 2008 年版，第 112 页。

习鼓励的倾听策略,并留心两位社工辅导方式的差异及给案主带来的不同影响。

二、实验要求

因为人们都有自己的倾听风格,也用自己的方式使周围的人知道自己在倾听,所以社工在工作关系中所表现出来的自我往往是其在日常生活中的模板。因此,日常的倾听操练对于社工来说极为重要。所以在进行本章节的训练之前,应先使学员留心在日常生活中自己是如何倾听的,并注意操练做一个会倾听的人。在进入实验之前,参与实验的同学要做好面谈的心理准备,熟识扮演的角色,揣摩其心理活动,尤其是扮演社工角色的同学要先进行自我检视,做好充分准备,以利于实验的顺利开展。

(1)实验时数:3 课时。

(2)实验设备:独立的面谈室、小教室、多媒体电子教学设备(或摄像机、电脑、投影仪)、移动椅子。

(3)实验人员选择:教师可以根据实验内容的不同,选择实验的参与人员。在技巧训练环节,全体学员可以自行两两结对,进行参与性实验。在设计的具体案例中,小敏的角色建议教师精心挑选,其他案主角色及社工角色可以根据学员的意愿,选择不同的学员担任,以让更多的学员得到练习的机会。

(4)实验前的准备工作:参与性的实验宜事先让每一个学员都了解案例的内容,并准备宽敞的场地,使学员实验时不互相干扰。而小敏的案例,教师应重点准备,向扮演的同学提前布置任务,让他们熟记台词,努力揣摩角色的心理,进行预演,以使扮演更生动、贴切。

三、实验要素

倾听及随之而来的回馈是社会工作最重要的专业行为之一。社工通过倾听案主说话,表达对案主的尊重;并且只有认真倾听案主说话才能了解其痛苦、烦恼与感受,因此倾听本身可能比提意见、帮助案主想办法解决问题更具有良好的治疗效果。因为通过倾听,可以使案主有机会把自己的伤心、愤怒、委屈、不满等消极情绪宣泄出来,使其压抑的情感得到释放,进而达到某种程度的治疗效果。

面谈关系中的倾听是一种积极的倾听,与我们通常聊天中所说的"听"是不同的,后者虽然也需要用心,但前者的用心程度更高,更需要有思考的成分在里面。第一次见面,若社工的行为举止特别是其表现出来的积极倾听,让案主感受到受尊重、被接纳,觉得亲切温暖,这将是一个好的开始。而在跟进的服务中倾听仍然发挥着巨大的作用,可以使社工随时了解案主的处境,并帮助案主走出困境。

1. 重点概念

积极的倾听并不是所有人都能做到的,它是社工专业素质的体现,更需要进行有目的的培养。下面,我们将对倾听与回馈这一组技巧进行介绍,主要分成以下三个概念:专注、简述语意、鼓励。

(1)专注。指社工对案主的语言内容及非语言内容(包括音量、音调、身体语言等)的专注观察;同时社工也要用语言及非语言方式,把这种专注传达给案主,使案主能感受到社工的尊重和接纳,从而处于一种放松的状态,并愿意进一步表达自己,进而促进案主的自我探索。

在运用时,社工的基本方法如下:

①社工应保持眼神适当的注视,建立初步的关注。

②社工应与案主保持适当的距离,此距离以案主感到安全、不紧张为标准。

③社工应保持轻松自然、开放的姿势,身体适当地向案主前倾。

④社工应保持自然的神情,如果神情紧张,会传染给案主。

虽然上述表达的是身体语言的专注,但"专注"不仅仅包括通过身体姿势表达对案主的专注,还要表达出心理上的专注倾向,即在说话时也应呈现出对案主的专注心态。另外,社工除了"专注"外,也可运用"选择性的不专注"去阻止案主发言,以达到控制谈话重点的目的。

(2)简述语意。这是社工对自己倾听到的内容的一个回馈,即把案主所说的基本信息,用较简短的语言去重复表达,社工只能将案主所表达的东西浓缩,但不能掺入新资料或自己的意见。简述语意技术可以使用在面谈的任何阶段、任何时机,尤其是当社工想要核对自己对案主的了解是否正确时。一个有效的简述语意不是将案主的话语作“鹦鹉学舌”,而是针对案主所表达的最重要的话语和想法加以改述,改述应该谨慎地用词以引导更深入的讨论,或使案主对自己刚刚表达过的信息有更进一步的了解。通过简述语意,社工可检查(也可以说是查证)自己对案主的了解程度;能使案主觉得社工正陪伴着他(她)一起探索问题,从而受到鼓励继续进行表达;并帮助案主澄清其混乱的思路,明确把握他(她)要表达什么、表达到什么程度。

一般在简述语意时,社工首先要认真倾听案主说了什么、他(她)的说话内容里描述了什么样的人、事、物,有什么样的想法和感受。然后当案主的叙述告一段落时,社工可以用自己理解的简短的语言给予即时性的回应。而且简述语意时应尽量使用陈述句,而不是疑问句。最后,在简述语意的过程中,社工还要随时借着倾听和观察案主的反应来评估自己简述语意的有效性,尤其要注意观察案主的一些暗示,或者要求他(她)对社工的话作出回应,以确定双方的沟通是正常、有效的,是能增进相互认识的。

(3)鼓励。是指社工通过声音、姿势、简单的句子,甚至只言片语等来鼓励案主继续表达他们的感受和看法的技巧。在案主与社工建立关系的过程中,许多案主并不是夸夸其谈型,即使是健谈的案主也会因为某些原因难以马上开口,但是这些原因或话题又是影响到面谈的质量和工作进程的关键因素,此时社工就特别需要运用“鼓励”技巧。一般案主难以开口的原因有:关系建立初期,案主对环境及社工感到陌生;当需要在社工面前表达个人的看法、感受或曾经的行为时,案主的内心可能会产生强烈的思想斗争,并且害怕说出“错误”的话语。此时社工可通过鼓励技巧设法激发案主的勇气和能力,促使其继续去作出增进沟通、建立关系、解决问题等积极的行为;并支持案主去面对并超越心理障碍,从而创造出彼此信任的沟通关系。

在运用这个技巧时，社工的基本方法有以下几点：

①社工必须先做好心理准备，去理解案主的心态，接纳案主的害怕或逃避情绪。

②社工在运用这个技巧前，必须预计或已观察到案主有害怕或退缩的行为，例如，沉默、逃避眼神接触、避免直接对话等。

③在面对案主退缩等消极反应时，社工可考虑运用言语支持（如“请继续”、“很好”等）或非言语支持（如身体前倾、面带微笑等）使案主感到受鼓励。

2. 实验说明

针对倾听与回馈的几个基本技巧，本章配有几方面的实验内容。第一模块为专注技巧的感受和培养，第二模块是训练简述语意技巧，第三模块是训练学员的鼓励技巧。第二模块和第三模块都有一个经典的案例，以帮助学员仿效和思考。此外，第三模块还会提供两个可以对比的案例，让学员反思问题所在。通过这种对比性的练习，帮助学员更深刻地体认初次面谈的任务与易出现的问题。

（1）专注技巧的感受与培养。学员不必把专注技巧看成一套辅导技术，它更像是有效的人际行为，是个人对他人尊重的体现，学习它、运用它，学员在日常生活中的人际关系也会越来越融洽，而这种生活中的用心专注也会带入专业辅导中。这种专注的气质若能自然地流露到与案主的第一次接触中，可使案主产生一种与以前或与其他人接触时不同的感觉。

本模块的训练设计为角色扮演。将学员分成两组，一组学员扮演讲述者，另一组学员扮演倾听者。但在倾听的过程中，倾听者在前半段时间应表现得心不在焉，后半段时间则表现为专业的专注。然后两组学员互换角色，原先扮演讲述者的现在扮演倾听者，原先扮演倾听者的现在则扮演讲述者。最后教师让学员们分组讨论与交流角色扮演中的感受和体会。

（2）训练简述语意。学员刚开始运用简述语意技巧时，未必能准确地掌握应复述的内容，也可能因为不习惯重复对方的话语而感到这种沟通方式很不自然。所以这需要经常的演练，当案主陈述时，要一直在脑海里思索案主所表达的内容,然后再自如并简练地把它表达出来。

本模块的训练在课后练习部分安排了两个简述语意的练习,希望学员通过实际的操练习得简述语意的方法。实验模块的第一部分是四个简述语意的小案例,每个案例都有三位社工进行回应,请学员比较三位社工的回应。此外,本模块还选取了一位社工运用简述语意技巧成功地应对案主的实例,期望通过现场的模拟,帮助学员体认简述语意的面谈方式。

(3)鼓励的训练。鼓励是面谈中最简单的技巧之一,可能因其简单,所以常常被当做是细枝末节而不予重视。然而正是这一简单的技巧,使社工得以进入案主的精神世界,并且被研究者们认为是成功的面谈社工所具有的一个特征。这是因为鼓励是一种积极的方式,它能使案主了解到社工在认真地听他(她)讲话,并希望他(她)继续讲下去。

值得注意的是,学员在运用鼓励这一方法时,要做到两点:一是要注意言语与情绪的一致。例如,在表达支持案主时,要用温和的语调、愉快的面部表情、开放的坐姿,而不应使用类似于双手抱臂等带有拒绝意味的坐姿。二是要知道最恰当的鼓励是以案主的行为(指可见的具体行动)为依据,而不是使用对于个人素质的过于概括的语言(较为笼统的个人品质的概括,例如聪明、勇敢等)。例如,要鼓励一个愿意在社工面前说心里话的案主,应该用"你刚才在我面前说的很清楚"这样的话,而不要使用"你很有勇气"这样过于模糊和概括的语言,因为前者是直接针对案主所做的具体的行为——和陌生人说心里话——去进行鼓励。

本模块的训练将设计两个案例,一个展示出社工错误地运用鼓励的方法,使用过于概括的语言,没有抓住时机进行恰当的鼓励,以致案主不能体会到社工是在鼓励接纳她,最后变得无话可说。另一个案例展示了社工恰当地运用鼓励和支持技巧,使案主表达了自己的看法。教师可以让事先已经准备好案例表演的学员现场演示,以形象化地展示面谈的进程,而后组织学员们分组讨论角色扮演中的倾听与回馈问题。

四、实验内容

实验模块一:

专注与不专注训练

教师请学员两人一组分成若干组,如有落单的情况,可以让一名学员扮演观察者角色。由两人小组中的一人准备一下,用 5 分钟时间讲述一些自己身上最近发生的事。另一个与其对应的组员在前两分钟表现出不专注的行为,例如东张西望、翻书、看手机……且对前者所谈的内容不作任何反应。后面三分钟,倾听者改变态度,专心倾听,并以肢体语言或口头信息加以回应。时间到了后,再进行角色互换,直至每人都扮演过讲述者与倾听者。

实验结束后,教师带领全体学员讨论,报告刚才活动时的感受,并交流体会。

实验模块二:

训练简述语意

本模块第一部分提供两个小案例(案例 1 和案例 2),以帮助学员学习简述语意技巧。请四位学员分别扮演案主和社工 A、B、C,其他学员观察。每个案例结束后,进行一次讨论,从三个社工的回应中选出适当的一个,并说出理由。最后可参考后面评估与分析中的指引,来看三个社工回应之适当或不适当的原因。本模块的第二部分提供一个成功的简述语意的个案(案例 3),社工简述案主的叙述,让案主重新省视自己的经验,进一步看清自己的问题。请两位学员分别扮演案主和社工,其他学员观摩,学习社工的简述语意技巧。

[案例1] 技巧训练

案主：我男朋友要和我分手，可是我真的不想失去他。这是我第一次谈恋爱，但是他以前谈过好几个。所以我心里总是不平衡，就会嘴巴很花的，说某某男生不错了，某某男生追求我了。昨天，有个男同学给我发短信，说请我吃饭，被我男友看到了，他很生气。可是我和别的男生真是没有什么的，我男朋友却说和我在一起没有安全感，说不想再忍受了。你说，我该怎么办？

社工A：因为你不满男友曾经谈过几次恋爱，所以心里不痛快，就会常常谈起别的男生。这让你的男友认为你水性杨花，四处拈花惹草，就缺乏安全感，不想和你在一起了。

社工B：因为你介意男友曾经谈过几次恋爱，所以心里不平衡，于是就嘴上说说别的男孩子，却给男朋友造成误解，认为你并不专心投入于你们的感情，所以想分手。其实你很在意他，想努力挽回这段感情。

社工C：因为你不满男友曾经谈过几次恋爱，自己却只谈过一次，有时便想也尝试和其他男生交往下，让男友也尝尝嫉妒的滋味，扯扯平。但你其实并没真的打算和其他男生交往，没想到男友却生气要分手，让你很焦虑，不知该怎么办。

[案例2]

案主：我女儿现在读高二，正是最紧张的时候，谁知道她却谈恋爱了。她读小学三年级时，我就和她爸爸离婚了。她爸爸在老家又结婚，自己享福，我一个人带着她在上海，忙里忙外，也没有成家，就怕找个人对她不好。谁知道，她一点也不体谅妈妈的不容易。昨天，我就说她两句，叫她专心学习，不要早恋，她就对我发脾气，把我推到门外去，要我不要管她的事。你说，我这么辛辛苦苦为她有什么意思啊？

社工A：离婚后，你独自带女儿很辛苦。现在有高考的压力，你认为女儿应该专心学习，不赞成她恋爱，所以劝她。结果却不被女儿理解，让你觉得失望、伤心。

社工 B:女儿读高二了,却不专心读书而谈恋爱,还和你吵,所以你很生气。

社工 C:女儿的早恋让你担心,并且这些年为女儿的付出却没得到体谅,所以你挺失望、难过。

[案例 3]后悔的女儿

学员通过对下面案例的角色扮演和观察来体认简述语意技巧,然后可参考本章评估与分析中的提示进行讨论。

小敏:我母亲已经去世三年了。她活着的时候,理性上我知道她非常爱我。但是,不知怎么搞的,感觉上我无法感受到,好像我们两人之间有一道墙,让她的爱传递不过来。她去世后,我仔细地检视她对待我的一切,有好几次,我失控地大哭。我慢慢地发现,不知在什么时候,我和别人之间也有一道墙,我接触不到别人,别人也接触不到我,包括我妈妈。于是,不管妈妈如何爱我,我就是感受不到。一想到这里,我就好难过。为何妈妈活着的时候,我没有这种发现。我自责自己的不孝,自责自己没有抓住机会来报答妈妈,我真是一个不孝顺的儿子,在这世上你找不到像我这样的人了;另一方面我又感到疑惑,我真的特别纳闷,究竟发生了什么事,我怎么会变成这个样子。

社工:妈妈去世后,你才发现,你和妈妈之间似乎有一道墙,让你感受不到妈妈的爱。你后悔自己发现得太晚,自责自己对妈妈的不孝,也想知道是什么原因让你变成这样。

小敏:你真的不知道我对她有多残酷,好残酷啊(哭泣)!我不知道我到底怎么了,怎么会变成这样。我们家三个孩子,我还有一个弟弟和一个妹妹。我弟和我妹都认为妈妈最疼我,可是我对她却最凶。为什么我会这样?

社工:妈妈最疼爱你,可是你对她最不孝,你想知道自己为何这么残酷地对待她。

小敏:没错,我想知道我到底出了什么问题,为什么妈妈这样爱我,我也爱她,可是我却一再地伤害她。当我有事在外不能按时回家时,不知为什么,就是不想打电话回家,想让她着急。回到家里看到她准备的饭菜，我妈说她一直在等我，把菜热了一遍，我不回来，再热一遍，我还是不回来。看到她着急，我就感到高兴，还说："以后别等我吃饭，烦不烦啊。我早就吃好了。"然后砰的一声把我房门关上。我对她没有耐心，所以说话语气就凶，可是我对别人却不是这样的，一般情况下我都很有耐心，说话时也不会表现出那种凶的样子。我自己虽然没照镜子，但是我能想象我那副和我妈说话的嘴脸，肯定是很可怕的。她生病时，都是我妹妹带她看医生，我却将所有的精力放在我的工作上，其实那时候我的工作刚刚调动，没什么重要的事情做，我就是要制造出自己很忙的假象，让自己没时间照顾她、陪她。我天天加班，待在单位，我宁愿上网看电影，跟陌生人东拉西扯，也不愿意去看看我妈。她还真以为我工作很忙，很理解我，从来也不抱怨我没有好好照顾她，还经常打电话关心我的身体状况，让我不要太累了。我那时候觉得她怎么这么烦，常常不接她的电话，看到是她打来的，就调成静音。等到她去世之后，我才感觉到我失去了这一辈子最珍贵的东西，妈妈再也无法回来，我们不可能从头再来，我再也得不到她的爱。我真是后悔啊，唉！

社工：妈妈去世后，过去的情景一再浮现，你看到自己对妈妈的残酷，包括对妈妈没耐心，故意让妈妈着急，妈妈生病时不愿意照顾她。你也突然省悟，你失去一辈子最珍贵的人。你们已经生死相隔，再也无法重走一遭，内心的悔恨交加，真是无法言喻。

小敏：是啊，都是那道墙害的。我恨那道墙！我恨那道墙（咬牙切齿，右手敲打茶几）！！是它害的，是它害的！如果不是它，我们俩人就不会变得如此。是它让我后悔、让我自责、让我失去一辈子最爱我的人。

社工：所有的错，都是那道墙的错，是它阻隔了你和妈妈之间的爱，让你如此痛苦。

小敏：（放声大哭）我恨……我恨……不……是我的错。是我自己筑起了那道墙，那道墙是我筑的，是我作茧自缚，是我断送了妈妈给我的机会。可是，我恨她，因为她让我觉得她对我的爱是我沉重的负担……

实验模块三:

鼓励的训练

案主雯雯2008年时在某职校幼儿保育专业就读二年级,毕业后想去做幼儿教师。当时学校安排二年级幼儿保育专业的学生到区里的孤残儿童看护中心实习,雯雯暗下决心要在实习期间好好表现,向带教老师多学些东西,将来做一名合格的保育员。但是在一次体检中,雯雯被发现是乙肝病毒携带者,不能从事服务行业①,因此刚到看护中心实习的第一天,雯雯就被老师召回学校。这对雯雯来说不啻于晴天霹雳,她心里的顾虑很多:今后如果不能从事保育专业的工作,以往两年的课程就荒废了,也不知如何和同学交往,社会上就业对乙肝的歧视案例比比皆是。同学都去实习了,只剩下三个身体检查出问题的学生。本来就很内向的她越想越心烦,做任何事都不能集中注意力,最后发展到吃不下饭、睡不着觉的程度。班主任老师把她交给学校社工以寻求帮助,以下是李社工和王社工与案主不同的面谈内容。

请两组学员分别对案例1和案例2现场作角色扮演,其余学员可观看并记录社工和案主的对话。角色扮演结束后,可分组自由交流对鼓励的体认与分析。

[案例1]焦虑的雯雯(A)

社工:有什么需要我帮助的吗?

雯雯:我最近总是睡不好,很紧张。

社工:是吗?还真看不出你睡眠不好啊。

雯雯:是的,已经好几个晚上昏昏沉沉,没睡多少觉了。

社工:这是很正常的现象,大家都会有。

---

① 《中华人民共和国传染病防治法实施办法》第十九条规定,从事饮水、饮食、整容、保育等易使传染病扩散工作的从业人员,必须按照国家有关规定取得健康合格证后方可上岗。

雯雯:是吗?

社工:是啊,人一辈子总会有些时候是睡不着的。

雯雯:但是我睡眠不好,很难集中注意力去做应该做的事情。

社工:不会啊,我看你气色很好的。

雯雯:因为要出来见人,总是要梳梳头、洗洗脸的啊。

社工:那倒也是。

雯雯:可是我不知道该如何去面对这种紧张。

社工:我建议你回寝室好好睡一觉,不要太紧张。(李社工双手抱臂)

雯雯:我就是睡不着啊,所以老师才让我来您这里的。

社工:可以有一些方法,比如从1开始数数,肯定数到最后就会睡着的。

雯雯:是吗? 这个方法我好像用过了,没什么用啊。我想了很多方法都睡不着。

社工:睡不着也可以起来做一些事情,不要太担心。

雯雯:哦。

社工:雯雯,我看了你的档案,你考入这所学校的时候成绩很好,我相信你是一个很聪明的人,你一定可以战胜目前的这种情绪障碍的。

雯雯:哦。

社工:好吧,我们今天就谈到这里,如果你还是睡不好,再来找我吧。

雯雯:嗯。

[案例2]焦虑的雯雯(B)

社工:雯雯,听说你最近睡眠不好啊?

雯雯:是的,每天晚上都很晚睡,后来还吃了安眠药,可是药效很奇怪,我晚上7点钟吃的,要到夜里1点多才睡得着,但是这样白天醒得很晚,一整天都昏昏沉沉的。

社工:一般睡眠不好,都是有心事。能告诉我你有什么心事吗?

雯雯:没……也没什么……大概我就是这样的性格吧。

社工:从你说话的口气来看,我想大概还是有一些原因造成你无法入睡的,不知道你愿意跟我说说吗?(面带微笑,鼓励、真诚地看着雯雯)

雯雯:唉,我真不知道该怎么说。

社工:有时候要讲出为什么班主任老师把你带到这里来的原因确实很困难,但是一旦你找到一个开始点,可能就比较容易了,而且说出来的话可能会对你的情绪有好处。

雯雯:嗯,我想我大概是在为我自己的乙肝发愁,他们有没有告诉你我是乙肝病毒携带者?我就每天为这件事情难过、焦虑。夜里睡不着也是在想这件事。

社工:你认为自己是乙肝病毒携带者对你的生活有很大影响,对吗?

雯雯:(急切地)当然当然。最直接的影响就是我刚刚到儿童看护中心的专业实习被取消了,而且不能办理健康证,以后肯定也不可能做这方面的工作了。并且这几天人感觉更加糟糕,记性很差,头也很痛,晚上睡不着觉,到了要吃安眠药的地步。

社工:而且你大概也比较担心别人如何看你是吗?

雯雯:是啊,平时害怕自己传染给其他人,和寝室同学刻意保持一定距离,感觉自己是群体中的异类。睡不着觉的时候脑子里像放电影一样,反复出现所有人都知道自己是乙肝病毒携带者、对自己敬而远之甚至鄙视的画面。唉,和任何人接触人家都提防你,感觉自己没方向了。

社工:你说任何人都提防你,你是怎么知道的?

雯雯:大家都在实习,我被召回来,大家肯定都知道了,肯定以后都会防着我,我感觉他们看我的眼神都很不对。

社工:你这种想法似乎很合情合理,你注意到自己刚才用的“肯定”的字眼是不是太武断了呢?(社工微笑着)

雯雯:(笑)也许是我太敏感了吧,但是谁摊上这种事情能不敏感呢?

社工:想一想身边的人在你知道检验结果以后有没有支持你、鼓励你的呢?

雯雯:(思考片刻)有啊,我爸妈天天打电话给我,我的几个好朋友见我最近一直心情不好,也轮流值班照顾我呢,还有班主任老师也经常来看我。

社工:那你还觉得大家是“肯定”防着你吗?

雯雯:嗯,其实想来也是有很多人关心我的,不是像我刚才想的那样。

社工:换个角度想想,这次身体检查给你带来了什么你认为有利的东西?

雯雯:有利的东西?(一愣)你的意思是说检查还会给我带来什么好处?我有乙肝还有什么好处吗?

社工:是啊,我是想让你换种角度来想想。

雯雯:(进而沉思一阵)嗯,其实还是有好处的。这次体检让我体会到健康的重要,没有好身体,其他的学业、事业都不能开展。

社工:嗯,很好,想想还有吗?

雯雯:感受到在自己最需要帮助的时候,父母很关心我,朋友很关心我,班主任也很照顾我。

社工:是啊,你身边有很多人都在关心你、爱护你呢。你现在的情况设想一下都有哪些可能呢?

雯雯:要是检查出真是发病期的话,我就不能再读现在的专业了,将近两年的专业课白学了,今后的就业也会成问题。

社工:你说专业课就可能白学了,你认为你从专业课里学到东西了吗?

雯雯:我从幼儿保育专业中学到对孩子要有耐心和爱心,还有一些卫生保健知识,还有,我们也学了一些幼儿的心理学,很好玩呢。而且这次是在孤残儿童看护中心实习,虽然我只待了一天的时间,但是看到那些孩子因为各种残疾、脑瘫、弱智等等就被父母抛弃了,真是太可怜了。他们缺乏爱,特别需要我们去抱他们。看到他们那么可怜,觉得自己还有一个这么幸福的家庭,有爸爸妈妈疼爱,有完整的身体，真是要好好珍惜呢！

社工：那你还认为是白学了吗？

雯雯：(若有所思)是啊，想想自己真的借着这个专业学了不少东西了，还是有收获的。

社工：是啊，从你的表述来看，你的学习能力还是很强的，也有很大的兴趣在学业上。

雯雯：是啊，我很喜欢幼儿保育专业。

社工：那你思考一下如果真不能从事现在的专业，你会难过吗？

雯雯：当然会很难过，但是因为身体的缘故，即使做自己喜欢的职业，也是对小朋友不负责吧。

社工：雯雯，你很有责任心，真高兴你能这么想。那再想想如果不能从事这个职业，你还有什么打算吗？

雯雯：其实我也想过，那我可以试着去学一下汽修专业，听说我们学校这个专业是教育部重点专业，学好技术自己创业开个汽车修理部，就可以养活自己了。

社工：你这样的设想很不错啊。

五、分析与评估

本章主要帮助学员把握倾听与回馈技巧，即关注、简述语意、鼓励。这些要素不仅是在社工与案主建立关系的初期使用，而且对整个辅导过程的会谈都十分重要。虽然本章把它们单列出来分析，但其实它们是彼此关联和相互影响的，并且倾听是我们可以在日常生活中随时应用的。在专业关系建立初期和辅助工作过程中，案主对于工作关系的建立常常会表现出怀疑的态度，这种现象称作“既投入又退缩的现象”。这时，社工通过倾听和回馈表现出的接纳、支持及对其感受的认同就显得非常重要。接下来，我们对上述的一些案例与练习加以分析，并设立相关的评估指标，以利于学员的分析与把握。

实验模块一：

专注与不专注训练

学员在讨论时，可就以下问题反思，并进行自我评量：

1. 自己做讲述者时，当对方不认真倾听的时候，自己的感受如何？

2. 对方不专注和专注两个阶段，自己讲述故事的态度发生变化了吗？

3. 请观察的学员或教师对自己的观察作一些补充陈述，注意不评价。

4. 当自己做倾听者的时候，来思考一下你所用的专注技巧，是否注意眼神、坐姿等身体语言。然后和你的搭档给你的反馈作比较，看自己是否掌握了专注技巧。这一点可以参照下列的标准，并进行评定(级别从 1 分到 4 分，1 分代表不专注，2 分代表一点点专注，3 分代表一般专注，4 分代表非常专注。)

(1)面向对方；

(2)保持眼神适当注视；

(3)轻松自然、开放的姿态与表情；

(4)身体适当向案主前倾。

5. 你有没有不认真倾听他人说话的经历？可以试想一下他们的感受。

6. 在专注的时候你是否只是身体的专注，而心理上没有真的听到讲述者所说的内容。比较留心倾听和身体专注的差异。

实验模块二：

训练简述语意

在本模块第一部分的技巧训练中，学员们可以围绕以下几个问题加以分析与评估：

1. 案例中的社工，哪一个使用的简述语意技巧比较恰当？

2. 其他社工在运用技巧时出了什么问题？

3. 你在这些案例中得到什么启发？

我们对这两个案例中社工的回答有一个简单的分析，学员可以作为参考。

案例 1 中社工 A 的回应过度推论案主男友可能的想法，案主虽然嘴上会提及别的男生，但是不代表案主是一个水性杨花的人，更不代表案主的男友也觉得案主水性杨花。因此回应的内容超过案主叙述的重点。

社工 B 的回应是正确的。社工简述的内容，正确回应了案主的感觉与想法，没有超越或减少案主叙述的重点。

社工 C 也是过度推论案主的可能想法，案主其实已说明是嘴上花花，社工 C 则把自己主观的推测加在案主的身上。

从这个案例中可以看出，社工容易出现的错误为过度猜测案主没有表达出来的其他意思。这或许是因为好奇心，或许是要表现得有智慧，或许是其他的原因。但是社工不能进行这样的猜测，因为这会使案主觉得不被社工尊重理解。社工心里可能有这样或那样的猜测，但是欲了解案主的具体情况，有待会谈的继续，而不能急于求成。

案例 2 中社工 A 的简述语意是正确的。社工提纲挈领地反映了案主叙述的内容，并且没有增加或遗漏任何重点。

社工 B 只简述了案主叙述的后半部分重点，表达了女儿的不懂事让案主生气；没有抓住案主前半部分陈述中的内容，比如案主在离异后独自抚养女儿的辛苦，以及为女儿着想而一直没有再结婚等。

在这里社工 C 采用的不是简述语意技术，而是高级同理心技术，关于此技术我们将会在后面的章节中介绍。

在案例 2 中，我们可以看出，社工使用简述语意技术时，简述的内容除了不能超越案主描述的范围外，也不可遗漏任何重点。遗漏重点同样会使案主感受到不被理解，同时如果案主和社工按照社工简述的部分重点继续进行会谈，很可能会使面谈的重心发生转变，使社工遗漏了案主问题的关键部分。

在讨论案例3时,学员可以根据社工简述语意的表现,对社工的技巧运用情况按照下面的问题进行评量(1:没有,2:一点点是,3:偶尔是,4:大部分是,5:几乎总是)。

●社工是否在认真听案主的陈述?

●社工的简述语意内容是否简练?

●社工的简述语意有没有把握住案主要表达的内容?也就是说他(她)的简述语意是否准确?

●社工的简述语意技巧是否起到了引导案主表达自己问题的作用?

●通过简述语意技巧,社工是否越来越了解案主的问题?

下面简要对案例3进行一些分析,学员可以作为参考:

这个案例中社工跟小敏的面谈,大部分时间在使用简述语意技巧。社工的简述语意技巧运用得较为恰当,并不是一般的鹦鹉学舌,而是经过自己的概括而有的恰如其分的反应,能够准确把握案主所要表达的内容,因此案主也有意愿和社工继续交流,讲述自己的懊悔。这样的沟通是积极、正向、有效的,可以增进社工对案主的了解,为后续工作带来方便。

实验模块三:

鼓励的训练

学员可以根据鼓励的表现,分别对社工技巧运用情况加以评量(1:没有,2:一点点是,3:偶尔是,4:大部分是,5:几乎总是)。

1. 社工是否使用身体语言表达自己对案主的鼓励?
2. 社工是否在恰当的时候运用了鼓励?
3. 社工根据案主的具体行为表现来鼓励案主了吗?
4. 社工是否讨论对案主而言重要的事?
5. 社工是否保持了言行与情绪的一致性?

6. 社工是否过早地提出问题解决策略?

学员可分组对本模块的两个案例按照以上信息进行讨论,对个案加以评估,并交流案例中社工对相关内容的技巧把握与运用情况。下面我们可以结合两位社工的案例加以分析,以供学员作参考。

在案例1中,社工对雯雯的面谈显得很仓促。社工没有从雯雯的角度出发,尽管她也用到一些鼓励的词汇或句子,比如“不会啊,我看你气色很好的”、“雯雯,我看了你的档案,你考入这所学校时成绩很好,我相信你是一个很聪明的人,你一定可以战胜目前的这种情绪障碍的”。但是这些鼓励要么与事实并不相符,要么对案主当前的问题解决不能起到任何积极的作用。社工对案主的回应不能启发案主继续对自己的问题进行探讨,反而最后一步一步把案主推到无话可说的境地。并且在辅导的过程中,还过早并草率地提出一些建议“比如从1开始数数,肯定数到最后就会睡着的”,看起来这是问题解决策略,但是这是案主已经用过的无效的策略。社工这样建议后,案主就更不想和社工再进一步交谈了,社工已经完全破坏了和案主之间的关系。社工对案主雯雯的反应给人一种敷衍了事的感觉,其间还出现双手抱臂等不合宜的动作,好像很急切地想把案主打发掉,并没有真正帮助解决问题。

案例2中的社工则与案例1中的社工形成鲜明的对比,社工在本案中较为成功地运用了鼓励的技巧。社工首先关切案主睡眠不好的问题,从案主当前的表面问题入手激发案主说话的意愿。当案主由于心情不佳、与学校社工不熟悉等原因不想向社工讲述自己心事的时候,社工则进一步注意保持自己在言语和动作、情绪上的一致(面带微笑,鼓励、真诚地看着雯雯),最后案主在社工的真诚鼓励下,消除了自己的惧怕和顾虑,鼓起勇气讲出自己的真实问题。社工继续运用鼓励的方法让案主感受到社工愿意认真听她讲话,愿意帮她分析问题,所以案主也愿意继续谈下去。最后社工没有早早地提出建议,而是逐渐引导案主用正面的、积极的方式来“换种角度”看待自己的问题,最终帮助案主独立地思考自己的将来,激发了案主面对生活的信心和勇气。

六、课后练习

1. 三人一组,A 向 B 陈述一段话(约 10 秒钟,先用简单的句子,慢慢加长),B 一字不漏地重述 A 所讲的内容。C 为观察员,待 B 复述后,检查 B 是否有错误或遗漏,并予以矫正。三人互换角色,直到每个人都经历了三种角色。然后展开小组讨论,分享彼此的学习与感受。

2. 请学员选择一篇小说,边读边看,每读完一段就试着简述语意,并且相互讨论,修正至最佳的情况。

第三章

捕捉主题

——澄清、提问、聚焦

捕捉主题是社工在辅导过程中引导案主深入具体地解说，探讨自己的经验、处境、问题、对人对事的感受，推动案主在相关主题上作出较具体的、有组织的表达和探讨。通过捕捉主题，不仅让社工有机会对案主及其困扰的问题得以了解，更重要的是协助案主作较深入的自我探索，从而对个人及周遭情况有较清楚的觉察。

一、实验目的

通过课程实践帮助学员了解捕捉主题中的要素，如澄清、提问、聚焦等，学习运用这些要素去协助案主对自己及其问题进行再次探索，并对自己及自己与环境的关系有所了解。同时通过捕捉主题增进社工对案主的认识和了解，使社工对案主的问题也有清楚的把握，知道该如何引导案主继续探讨自身问题，并可以协助案主清楚了解面谈的重点，以推动面谈的进行。

学完本章，学员将可以达成下列目标：

(1)借着三位案主的陈述，使学员能够为每位案主提供澄清的反应，并能够觉察与体认澄清的内部语言。

(2)借着两个案例的扮演和观察，学习如何在案主提供模糊信息时运用提问技巧。

(3)通过两个案例的扮演和观察，学习聚焦技巧在面谈中的应用。

二、实验要求

和上一组倾听技巧不同的是，这一组的捕捉主题技巧则需要社工具有较强的沟通能力与较高的专业素质。社工要熟悉用问题来引发案主作更多和更详细、明确的表达，运用提问引领讨论的方向，将游离的话题带回到本次面谈的主题上以继续进行探讨等。这个较为专业的辅导技巧的获得不是一个自然而然的过程，而是需要大量案例的积累和认真的学习琢磨。建议学员可以在课后多观摩经验成熟者的面谈录影或文字记录，并多做些捕捉主题的演练，以达到对该组技巧的熟练运用。

(1)实验时数:3 课时。

(2)实验设备:独立的面谈室、小教室、多媒体电子教学设备(或摄像机、电脑、投影仪)、移动椅子。

(3)实验人员选择:本章的实验与第二章的相似，除模块一是技巧训练外，其他都是案例模拟。技巧训练环节，参与人员仍然是全体学员，如有落单的学员，教师可以和他(她)组对，注意不要让学员落单。本章实验中的案主相对年轻的学员而言，有一定的挑战性，教师可以注意挑选合适的学员加以扮演，让他们分担社工与案主的角色。

(4)实验前的准备工作:根据实验内容的不同，预备宽敞的场地，以有足够的空间，使学员可以两两分组，或者分成演示区域与旁观区域。可以因地制宜地把场地的某个角落布置成面谈室，让扮演的同学更有身临其境之感。

三、实验要素

在工作关系建立之初，社工就要开始真正处理困扰案主的问题了。要帮助案主解决问题，就需要先了解案主的状况及其问题的发展过程。因此社工需要引导、协助案主回顾整个事情的发展过程及自己在其间的状况，也就是帮助案主进行自我探索，捕捉困扰他(她)的主要问题的来龙去脉。这种捕捉主题的技巧在个案社会工作中尤为重要，不仅可以帮助案主理清思路，而且可以帮助社工拨开案主的重重迷雾，使问题得以明朗化，进而使社工了解案主的需要和问题所在。

1. 重点概念

本章我们将结合社会工作专业的特点，介绍三个重要概念：澄清、提问、聚焦。

(1)澄清。澄清是引导案主把模糊不清的信息及不够清晰的陈述作更详细的解说，使不够明确的信息转化为清楚、具体、深入的信息。澄清的第一个目的是为了案主的利益，借着澄清可以使案主对自己先前阐述的信息更明确，并证实社工接受他(她)的信息的正确性，当社工不确定是否了解案主的信息以及是否需要他(她)更详尽的陈述时，澄清就是极其必要的了。澄清的第二个目的是为了社工的检核，借着澄清，社工可以检核所听到的案主信息，特别是在辅导的开始阶段，在作结论之前，社工需要知道自己是否正确领会了案主的意思，对于社工来说先确定案主的信息是很重要的。

下面的例子可以帮助我们理解澄清的重要性。如果社工只是急于求成，很快就把自己对案主的看法加以定论，则很可能使案主觉得不被理解，甚至没有说话的动机。

案主：有时我真是希望能完全逃离这些。

社工：听起来像是你必须离开，一个人独处。

案主：不，不是这样的，我可不喜欢独自一人。我只是希望能够避开所有我必须做的工作。

在这个例子中，社工对案主最初的信息很快地下了一个结论而发生了错误。若社工对案主形成某些假设前，先要求案主澄清，这样辅导过程就可以进行得比较平顺。如：

案主：有时我真是希望能完全逃离这些。

社工：您能说明您所谓的“完全逃离这些”是什么意思吗？

案主：嗯，我有这么多的工作要做——我总是在苦苦追赶而且觉得不胜重负，我希望能逃脱这种可怜忙碌的感觉。

在第二段对话中，澄清协助两个人证实了确切的内容和感觉。案主和社工都不应该依赖未经探讨和证实的假设和推论。当熟练的社工接收和处理信息时，会利用澄清反应来决定信息的正确性。否则，不正确的信息可能一直不会被矫正，社工始终不知道案主的真实想法。

《助人者的晤谈策略》①一书中谈到澄清技巧的四个步骤：第一，确认案主口语和非口语信息的内容，即案主究竟要告诉你什么。第二，确认信息中你需要检核正确性或需要详尽陈述的任何模糊或混淆的部分。第三，决定一个恰当的开始或句首，如"您能描述"、"您能澄清"或"您是说"。另外，调整你的语调，让它听起来像是陈述而非提问；最后，借着倾听和观察案主的反应来评估你澄清的有效性。如果你的澄清是有效的，案主会再详细陈述信息中暧昧或混淆的部分；如果无效，案主会沉默，忽略你对澄清的要求，或继续陈述，但有不被理解的感受。在此情况下，你可以尝试再次的澄清或是转换另一个可采取的面谈技术。

(2)提问。提问有时也被称为"探查"，是指以问句的方式协助案主讨论他(她)的感觉、经验或行为，并针对特定的问题探索，而不是漫无目的地闲谈。通常提问是为了获得信息。很多社工要通过大量的提问从案主那里获得与案主主要问题有关的信息。同样，许多案主也在很大程度上依赖社工的提问使他(她)所应谈的内容得到引导，使他(她)模糊的问题与模糊的行动得以具体、有效。面谈的目的是要协助案主从困惑不解的状况中摆脱出来，进展到对他(她)自己及环境更清楚了解的层面，因此面谈过程需要双方清楚、正确地彼此沟通，而在这个过程中，提问则发挥了不可缺少的作用。

社工在面谈中可以提出不同类型的问题，一般我们最常用的问题有开放式、封闭式等类型。不同类型的问题倾向于引发案主不同的反应或反应模式。提问通常会引起几种积极结果。开放性问题("什么"、"怎么"、"为什么"等，比如"对这件事你是怎样看的?")会使案主更深入地讨论他们的思想与情感。封闭式问题("是"或者"不

① Sherry Cormier 和 Bill Cormier 著，王文秀等合译：《助人者的晤谈策略——基本技巧与行为处遇》，台北心理出版社股份有限公司 2000 年版，第 190 页。

是”、“有”或者“没有”等，比如“你现在最关心的就是这件事了，对吗？”）能帮助社工准确地得到如不使用这些问题就无法获得的具体信息。问题有助于澄清或将案主希望谈的内容具体化，问题也能引发和案主行为有关的具体例子。所以，具体的问题对于捕捉主题是非常重要的。当然问题也有消极的结果，比如社工无法摆脱对某些信息感兴趣的诱惑，而问一些与主题不相干的问题；再比如提问可能会降低案主的自主性，并可能使案主有所防备，尤其是在连续被问了许多问题后；另外提问也会打断案主的思路，使他们的想法更混乱，或者按照社工的思路来进行讨论，等等。

因为社工与案主有时都会对问题有强烈的反应，因此，在面谈过程中，应注意以下几个提问的策略：

①问题宜具体，有针对性；

②注意围绕案主担忧的内容深入下去，不要很快地从一个问题跳到另一个与之不相关的问题；

③敏感问题宜在关系稳定后谨慎地提及；

④少用“为什么”来提问，避免给案主造成压迫感；

⑤不要把问题作为你最主要的谈话方式。

(3)聚焦。聚焦是将游离的话题、过于分散的谈论范围或几个同时提出来讨论的问题集中，指出重心所在，再继续进行商讨。在面谈过程中，社工应该留意谈话内容是否出现过于散乱、偏离主题、失去方向的情况。如果有上述情况发生，社工需把谈话的重点再次带回主题。在带回原来话题时，社工不宜立即阻止或强行打断案主的说话，而应先就他们刚才说的内容略作回应，使他们感到受尊重，然后再重申目前应关注的话题，把焦点带回到主题上。通常情况下，与主题有关的谈论往往都包含多个环节，分为若干部分，社工可运用提问，主动引导讨论朝某个方向进行。而当案主同时提出几个话题时，社工应先把有关话题做一记录，然后协助案主选取优先讨论的话题，将面谈讨论集中在一个主题上，以确保面谈由表面的问题切入，而能逐渐对问题的隐含意义作深入探讨。社工应该具有这种聚焦的能力，因为清楚而正确地界定问题是有效会谈的基石。

2. 实验说明

针对捕捉主题的三个重点概念,本章配备了三方面的实验内容:第一模块为澄清技巧的运用,第二模块为提问技巧训练,第三模块为聚焦技巧训练。教师可以根据学员的培养目标与发展方向有针对性地侧重某些模块的训练。

(1)澄清技巧的运用。如何在个案面谈的进展中运用澄清技术帮助案主把模糊不清的信息及不够清晰的陈述作更详细的解说,这需要一段时间的练习。为了协助学员有系统地形成澄清反应,决定何时使用它,以及评估它的成效,这里我们配合澄清的四个步骤设计四个自我问题,并在本模块的案例中围绕四个问题进行练习。

①案主告诉我什么?

②信息中是否有任何我需要查证的模糊部分或缺少的图像?如果有,是什么?如果没有,决定另一个更合适的反应。

③我如何能够开始运用澄清的方法?

④我如何知道我的澄清是否有效?

这里值得注意的是,由于种种原因,案主有可能无法把自己的感受一一清晰地表达和区分开来,而是把它们混杂在对事件的各种陈述之中。社工则特别需要运用澄清技术帮助案主理清自己的思路或帮助他(她)清楚地陈述。学员刚开始运用澄清技巧时,未必能准确地掌握它,所以需要经常地练习。当遇到案主陈述时,使澄清的四个自我问题能迅速地呈现在脑海中并自如地得以表达。

本模块提供了三个案主的信息让学员来练习澄清的自我对话,针对每一个案主信息发展出一个澄清的反应。为了内化这个学习策略,学员可以公开地自问自答,然后再进展到内隐的方式(内心自言自语)。本模块只是把澄清的心理过程分解成四个步骤,但最后的结果是通过这样的练习使澄清过程能内化到社工的心中,可以很快地说出澄清的最后反应。

(2)提问训练。提问是一个较有争议的技术,它的缺点亦如它的优点一样显而易见,所以在使用时要特别小心。需要考虑到社工提出的一个问题既会在他(她)自己身上也会在案主身上引发反应。有些反应是个人独有的，而有些反应则可能更为普遍地存在于每个人的身上。在初期接案时，当使用大量提问开始面谈时，应该对案主的反应进行细致的观察，学习谨慎地运用问题。另外，作为职业社工，选择问什么样的问题非常重要，所以提问并不是一项中性的面谈技术，要知道每个问题当它会引导案主朝着某个方向表达时，它也在限制案主另一个方向的表达，所以社工在使用提问这一高级面谈技术时，还要学习倾听，学习发现线索，而不是用提问来干扰案主的表达，打断重要的线索。

本模块提供两个案例和角色扮演。一个是比较成功地使用开放式问题来谈到案主的感觉、经验和行为，一个是比较失败的提问技巧。通过以上两个常见情境的展示，可以帮助学员了解这一技巧，并可作为对比与借鉴。而角色扮演中的操练旨在提高学员自己利用“提问”收集信息的能力。最后要求学员在活动中发现“提问题”的积极作用与消极作用。

(3)聚焦训练。社工在开展工作时，基本原则是鼓励案主自由表达自己，而“聚焦”技巧的运用是为了避免案主偏离主题，因此在运用聚焦时，会和基本原则产生矛盾。遇到这种情况时，社工要考虑偏离的程度及所持续的时间，以决定是否适合采用聚焦技巧。而学员应提高自觉性，避免自己将话题带离主题，或者不经意间让案主带离主题，使谈话方向偏离或经常转换讨论的焦点。一般来说，新社工由于经常在面谈中漫谈，由一个表面主题或情绪跳到另一个主题或情绪的现象非常普遍，于是便搜集了许多表面而无用的信息，因此对学员来说，在面谈过程中聚焦是一项严峻的挑战。在案主同一时间内谈及好几个主题时，社工应尽量协助案主决定这些主题讨论的先后次序、轻重缓急，但要注意不要由社工单方面对主题的性质作判断。

本模块提供了两个案例和角色扮演。一个是比较成功地运用了聚焦技巧，引导案主讨论与问题有关的信息，给案主适当的引导，协助他们依据事件发生的先后顺序，讨论事件发生时他们的互动细节，因此也引导案主表达内心的想法和假设。另一个是比较失败地运用了提问技巧，社工不断谈论案主的家庭和工作，但却仅停留在非常表面的问题上,因而失去了深入探讨案主有关问题的机会。通过以上两个常见情境的展示,可以帮助学员了解这一技巧,而角色扮演可以使学员更加熟练聚焦技巧。

四、实验内容

实验模块一:

澄清训练

本模块提供三个案例,以帮助学员学习澄清技巧。头一个案例选择一对学员进行扮演,扮演中把"自我问题"也表述出来,加深学员对澄清的理解。然后将学员分成两两一组的小组,根据所提供的示范,对后两个案主所提供的信息按照下面提供的"自我问题"进行出声的自问自答,最后提出一个澄清的反应,然后跟同伴分享。在此期间,学员可以交替扮演案主和社工。结果评价请参见本章的分析与评估。

[案例1]

(案主是一名19岁的男生):来到大学后,我一直找不到自己的目标。这个专业是调剂过来的,我一点儿都没有兴趣,所以就混日子,自己也讨厌自己。

自我问题1:案主告诉我什么?

他觉得缺乏目标和专业的兴趣,对自己的状态不满意。

自我问题2:案主的陈述中是否有模糊的信息,或缺乏资讯的地方?如果有,是什么?

有两点需要澄清:一个是他是对专业被调剂不满意还是对专业本身不满意?另一个是对他来说讨厌自己意味着什么?

自我问题3:用什么句首开始?

“你能进一步说明……”或“你能描述这个感觉……”

自我问题4:完整地说出我的澄清反应:

“你能进一步说明你是对专业没有兴趣还是对专业被调剂这件事不满意?”或是“你能描述这个讨厌自己的感觉对你来说像什么吗?”

[案例2]

(案主是一名8岁的女孩):妈妈说我大了,要我一个人睡。我不要,我害怕,我要妈妈陪我睡。

自我问题1:案主告诉我什么?

______

自我问题2:案主的陈述中是否有模糊的信息,或缺乏资讯的地方?如果有,是什么?

______

自我问题3:用什么句首开始?

______

自我问题4:完整地说出我的澄清反应:

______

[案例3]

(案主是一名35岁的女性):昨天,我丈夫动手打我了。孩子不小心摔了一跤,我婆婆说我不会带孩子,我就回了一句,我丈夫就跑过来打我两巴掌。我帮他家生了两个儿子,都是我自己在带,他还这样对我,这日子没法过了。可是,我妈妈劝我不要冲动,要我找你们谈谈。

自我问题1:案主告诉我什么?

______

自我问题2:案主的陈述中是否有模糊的信息,或缺乏资讯的地方?如果有,是什么?

______

自我问题3:用什么句首开始?

____

自我问题4:完整地说出我的澄清反应:

____

实验模块二:

提问训练

请两组学员分别根据以下案例作模拟,其余学员旁观并记录,根据本章分析与评估中模块二的评估问题来分析评估社工运用提问技巧的效果。

[案例1]灰色的全职妈妈(A)

……

社工:你以前说过觉得天空是灰色的。

王女士:是啊。

社工:对你来说灰色意味着什么?

王女士:就是觉得我的生活也就是这个样子了,没什么希望、乐趣。

社工:能具体谈谈没什么希望和乐趣的样子是什么吗?

王女士:我就是觉得自己没什么生活乐趣,除了照顾敏敏外,要么在家看电视,要么就是出去和我的小姑姑聊天,我没有别的谈得来的人,只有她。但其实连她那里,我也不是经常去的。都是她叫我,我就过去待一会儿。我很少主动过去看看她。

社工:也就是生活圈子非常狭窄对吗?

王女士:是啊,我一天能见到的人经常只有一个,那就是我的孩子。整天就是孩子、家务,没有完结的时候。

社工:你有没有想过是什么原因造成你现在的生活如你所说的那样没有生活乐趣呢?

王女士:因为我觉得社会上实在是太复杂了,人都特别聪明。可是现在做什么事情都得和人打交道,虽然可能和人打交道也有乐趣吧,但是我又很担心被人骗了,或者被人瞧不起。

社工:你能举一个你和人交往的具体例子来说明你这种担心吗?

王女士:比如有的时候我会在下楼的时候碰到一些老太太,我们小区是老式小区,所以住的很多都是老人家。那些老太太,就算我不和她们主动说话,她们也会叫住我,和我说很多的,她们很喜欢发泄的,比如她们和她们儿媳妇、女婿的关系啊,她们如何对待儿女、孙子啊,现在老了自己如何如何啊。我就听着,因为我真的不知道她们的心里是怎么想的,万一我说错了什么话,就会引起麻烦。还有我的小姑姑也很喜欢发泄的,喜欢说个不停,我听得多一些。我不想多说什么,说了就显出自己脑子不行了。

社工:嗯,这个社会是很复杂,因为担心自己可能会被骗或被瞧不起,所以就不太想跟外人有过多的活动是吗?

王女士:是的,因为我也没读过多少书,就是一个家庭主妇,本身就很笨的,脑袋没有人家灵光,讲不定就会被人骗了。讲话也讲不来。不讲,人家也看不出来你笨,但讲得太多就会显出笨嘴笨舌的样子,所以我不太喜欢和别人讲话,我宁愿去听。

社工:这样看来,你前面提到的你的生活是灰色的,也不完全是像你刚才说的是因为你的生活圈子很窄,没什么乐趣。也有很大一部分原因是因为你的性格,或者说你自己比较封闭自己。我能这样理解吗?

王女士:应该是这样的,所以我就喜欢做全职的家庭主妇,不用太多出去和人打交道,总是觉得社会太复杂,人太聪明,尽量把自己保护好。唉,我现在真的觉得我挺自我封闭的。

社工:你是否试着和你先生谈谈自己现在的这些灰色情绪和你的自我封闭呢?

王女士:几乎没有。他比我说话还少,你想想他是个海员,很少在家的,又一天到晚对着大海,见到的就是那么几个人,有话也早就讲完了。回到家里我们的话也不多,我想把家里的事情跟他说,他肯定也不感兴趣。男人怎么会对锅碗瓢盆感兴趣呢。事实上，他回到家里也就是出去跟人踢球、打球。我就是说了他也不能明白的。

社工：你还没有和他说过，怎么会知道他不明白呢？

王女士：从来都没说过。觉得他肯定不爱听我讲这些。

社工：事实上有时候可能是我们自己想当然，是自己性格中的一部分在作怪。包括你和其他人的关系，其他人如何看你，都很可能是你自己的看法，而不是事实。

王女士：嗯，你说的倒也是。

社工：是的，现在对于你来说，虽然丈夫经常不在家，但是夫妻关系是最为优先的，因为长期不愿意和人说话、向人开放，所以这个也不可能一下子改变，但是可以先从你丈夫开始。可以多和他沟通，再扩展到跟外人的沟通上来。

王女士：可是讲些什么呢？

社工：包括孩子身上的变化，这些都会是一个爸爸感兴趣的。还可以和他一起商量如何教育孩子。我想这样的沟通都会给你的生活带来色彩，心情也会转变的。

王女士：嗯（点头），以前真的没有试过，因为已经习惯了多年来两个人话都不多的情况。

社工：要改变确实很难，但你有没有想过改变这种状态呢？

王女士：我挺不喜欢改变的，像我现在不喜欢黑色的衣服，试着买了另外几种，但就放在那里一直没有穿，因为如果买了衣服，我就会想买合适的裤子、鞋子，还会觉得自己发型不合适，应该去变一变。这样一整套的改变我觉得太麻烦了。我不喜欢复杂。

社工：穿着上不改变也不会太影响你的生活，但是在人际交往上不改变就会一直让你的生活是灰色的。

王女士：是的。

社工：那你愿意一直在这种灰色的状态中生活吗？

王女士：我一直跟你说，我很厌倦这种灰色的生活。

社工：我知道改变一种习惯是非常不容易的事情，要打破你原来很多固有的生活方式。但是不改变也可能会带来更大的痛苦，会一直影响自己的心情,现在也影响到敏敏的成长和她的交往方式。

王女士:是啊,敏敏现在放学就回家,和我一样,一天到晚不出门,很内向。

社工:你希望敏敏一辈子都和你一样吗? 一辈子也在一个灰色的天空下吗?

王女士:我当然不希望。

社工:既然这样,你还是要学习改变自己的。

王女士:嗯(点头)。

社工:先从和自己的丈夫交往开始,你觉得这样可以吗?

王女士:嗯,我试试看。

[案例 2]灰色的全职妈妈(B)

社工:你以前说过觉得天空是灰色的?

王女士:是的。

社工:那你有没有想过让自己的生活多一点色彩?

王女士:我的生活也就是这个样子的了。

社工:你不想要一点色彩吗?

王女士:怎样才能有色彩呢?

社工:你讲过敏敏在学校的时候,你就在家里看电视。

王女士:要不就去找我的小姑姑聊天。

社工:你可以给自己的生活一点改变,多到外面去走动走动,上海不是有很多兴趣班吗? 你可以尝试去活动一下的;你还可以拉着你的小姑姑逛逛街什么的,你的年纪又不大。

王女士:我觉得社会上很复杂的,人都太聪明;我也不太喜欢和别人讲话,我觉得讲得太多就会显得我太不聪明,我宁愿去听。

社工:嗯,这个社会是蛮复杂的,那您有敏敏之前也是这样的吗?

王女士:是的。

社工:这是你现在不在社会上做事而做全职太太的原因吗?

王女士:我一直就很少在外面做事的,社会太复杂,人太聪明。

社工:那你现在的这些情绪有和你的老公讲过吗?

王女士：他比我说话还少，你想想他是个海员，很少在家的，一天到晚对着大海，见到的就是那么几个人，有话也早就讲完了。回到家里我们的话也不多，我想把家里的事情跟他说，他肯定也不感兴趣。男人怎么会对锅碗瓢盆感兴趣呢。事实上，他回到家里也就是出去跟人踢球、打球。我就是说了他也不能明白的。

社工：那你觉得寂寞吗？

王女士：不寂寞吧，我平时就看看电视或和小姑姑聊聊天，让敏敏做做作业，时间很快就过去了。

社工：那你有没有想过改变这种状态呢？

王女士：我挺不喜欢改变的，像我现在不喜欢黑色的衣服，试着买了另外几种，但就放在那里一直没有穿，因为如果买了衣服，我就会想买合适的裤子、鞋子，还会觉得自己发型不合适，应该去变一变。这样一整套的改变我觉得太麻烦了。我不喜欢复杂。

社工：你这样生活有什么乐趣呢？还是要学着改变的。

王女士：觉得改变太累了。

……

实验模块三：

聚焦训练

请两组学员分别根据以下案例做模拟，其余学员旁观并记录，然后根据本章分析与评估中的问题，讨论和分析社工运用聚焦的技巧。

[案例1]夫妻沟通问题

（有三位学员上场，分别扮演丈夫张明、妻子秦芳芝和社工。）

社工：你们提到彼此间沟通有问题，我希望你们能举一个无法有效沟通的具体情况，让我们一步一步来，以便能清楚地了解到底发生了什么事。

秦芳芝：上周末就是一个例子，我通常在周末带孩子外出，一起做一些我们喜欢的事，但是张明（丈夫）却喜欢留在家中，然后他开始批评我，说我就是喜欢往外头跑。

社工：你能告诉我更具体的情形吗？

秦芳芝：上礼拜六我提议我们一同外出吃饭，然后再看一场电影，结果张明却要留在家里看电视。

社工：在我们讨论当时张明做了什么之前，我们听听你做了什么。当时你实在很想去看电影，然后你做了些什么？

秦芳芝：我记得我说："张明，我们带孩子出去吃饭看电影吧！"

社工：好，你是用什么语气说这些话的呢？

秦芳芝：因为我觉得他一定会拒绝，所以我不是用刚才的语气说这些话的。

社工：请你面对张明，用你当时说话的语气对张明再说一次。

秦芳芝：好。（转向张明）我们就不能出去看电影吗？

社工：听起来你不太肯定，不知道张明是否会去？（提出主题）

秦芳芝：（打断社工的话）我就是知道他不会去。

社工：所以你认定他就是不会去，听起来虽然张明还没有回答，但是你已经知道他不会去了。

社工：（转向张明）你记得这是你太太当时问你的样子吗？

张明：是的，而且火气非常大，一副不信任我的样子。

社工：在听到你太太问你要不要去看电影后，你做了什么？

张明：我说不，我星期六喜欢待在家里休息，而且我觉得我们可以在家里做一些事。本来嘛……为什么要去看电影，在家里不是一样可以下载电影看吗？还可以买碟片看，多方便啊。我一点都不想出去，我也很累。

社工：所以你的回答很简短。很明显，你没有告诉太太你不去的原因，而只是告诉她不想出去，是吗？

张明：对，因为我不觉得她想知道什么，因为她问我的口气就是那样。

社工：当你说"不"的时候心里有些什么感觉？

张明：我想我觉得很累，我的工作压力很大，我只是需要一些时间休息，好不容易到周末了，我还要跑出去，我不高兴再跑了。但是她就是无法了解这点。

社工：听起来你真正要讲的是：我需要时间休息。但是其实你很怀疑太太是否真的能了解你的感受。

（张明点头。）

社工：（社工转向妻子）那么当你听到你先生说“不”后，你做了什么？

秦芳芝：我想我开始对他唠叨，说他一回家就只是知道坐在屋子里。

社工：我觉得你感到受伤害，也有一点挫折，因为张明不喜欢你的提议。

秦芳芝：（点头）我甚至觉得他一点也不在乎我要做什么。

社工：我不知道这样说好不好？当你觉得受伤害时，你经常是用批评张明的方法，而不是告诉他，他的举动对你的影响。

秦芳芝：是的。

社工：（对张明说）回到刚才的情景，当你的太太批评你的时候，你做些什么？

张明：我想我也开始批评她，我告诉她，她应该偶尔留在家里，然后做一些家事，不要一天到晚想着出去。

……

[案例 2]忙碌的陈先生

社工：谈谈你的家庭。

陈先生：我的爸爸生病住院，我的母亲已经过世了，所以我和妹妹住在一起。

社工：你爸爸什么时候住院的？

陈先生：上个礼拜一，到现在已经快 10 天了吧。

社工：他生的是什么病啊？

陈先生：痔疮手术，他的这个病比较复杂，他又选择的是中西医治疗方法，所以在医院待的时间比较长。再加上年纪大了，身体比较虚弱，恢复起来不容易。

社工：哦，现在生痔疮的人很多，许多人都做了手术，但蛮快就可以出院了。

陈先生：嗯，我爸爸时间是比较长一些。年纪大了，没办法。

社工：对他老人家来说是蛮痛苦的。

陈先生：是的。

社工：那你母亲是什么时候过世的？

陈先生：七年前。

社工：那时候你们还很小吧？

陈先生：是的，妹妹只有 14 岁。

社工：哦，你妹妹原来比你小这么多啊。

陈先生：是的，我爸爸 30 岁生的我，40 岁生的我妹妹，我们两个相差了 10 岁啊。

社工：母亲是生什么病去世的呢？

陈先生：不是生病，是车祸。

社工：你和你父亲相处得如何？

陈先生：我们处得不错，虽然我们有一些问题，但大部分时间还好，我并不太常见到他。

社工：那你和妹妹呢？

陈先生：我们两个还好啦，关系挺好的。

社工：是不是年龄差距大的缘故，所以你们两个关系很好？

陈先生：我想是的。因为我们年龄差距大，所以从小也没怎么吵过，她出生的时候我已经感觉自己是个大小伙子了。虽然现在想来，那时候自己也挺小的，也不懂事，就是拿她当玩具，但是再大一点，对她的照顾还是很多的。小时候她也拿我当保护伞，特别是妈妈去世后，可能我们的关系就更亲密了。

社工：那你的工作呢？

陈先生：工作跟大家差不多，不好不坏。

社工：你那家公司怎么样？

陈先生：这家公司还可以，薪水蛮高的。

社工:是吗? 那还真不错啊。

陈先生:但是加班很多。

社工:都是周末加班吗?

陈先生:周末加班是一定的,经常只有星期天可以休息,而最多的是平时的加班,我经常在公司吃晚饭。然后要到八九点钟才离开公司,回到家里已经快十点了。

社工:所以人家给你高工资不是白给的。

陈先生:是啊,这年头做什么都不容易啊。

社工:那你喜欢这份工作吗?

陈先生:很不喜欢,但是现在金融危机也不好跳槽。

社工:那你主要在这家公司做什么呢?

陈先生:我负责技术支持这一部分。

……

五、分析与评估

本章主要帮助学员把握捕捉主题中的三个技巧:澄清、提问、聚焦。通过捕捉主题推动案主在相关主题上作出较具体的、有组织的表达和探讨,增进社工对案主的认识和了解。无论是引导案主把模糊不清的信息及不够清晰的陈述作更详细的解说,还是把案主所表达的主要内容和感受进行综合、归纳,作重点摘述,或者是用问题来引发案主作更多和较详细、明确的表达,都是为了能够帮助案主更好地探寻自己的问题。并且这组技巧的应用对社工的专业技术要求也开始增高,以下,我们对上述的一些案例与练习加以分析,并设立相关的评估指标,以利于学员的分析与把握。

实验模块一:

澄清训练

请学员根据下面的回馈来评估自己对于澄清技巧的掌握程度,

看自己的澄清技巧是否跟提供的标准答案相似。然后查验自己比较容易在哪个环节出问题。

[案例 2]

自我问题 1:案主告诉我什么?

她不想一个人睡,要妈妈陪。

自我问题 2:案主的陈述中是否有模糊的信息,或缺乏资讯的地方? 如果有,是什么?

有两点需要澄清:一个是具体是什么事情令她害怕? 另一个是她是因为害怕而不想一个人睡,还是因为对妈妈的安排有内在情绪?

自我问题 3:用什么句首开始?

"你觉得害怕是因为……"或"你是说你真的……或是……?"

自我问题 4:完整地说出我的澄清反应:

"你觉得害怕是因为想到了什么呢?"或是"你是说你真的害怕一个人睡,或是你不喜欢妈妈那样的安排?"

[案例 3]

自我问题 1:案主告诉我什么?

因为丈夫动手打她,她觉得委曲,想离婚,但妈妈不同意,劝她来这里。

自我问题 2:案主的陈述中是否有模糊的信息,或缺乏资讯的地方? 如果有,是什么?

有,她说日子没法过主要是因为观念上不能接受家庭暴力这种事件,还是因为情感上感到受伤害。还有,她来这儿只是因为她的家人要她来还是因为她自己也觉得有需要?

自我问题 3:用什么句首开始?

"你能谈谈……?"或"你会来这儿是因为……"

自我问题 4:完整地说出我的澄清反应:

"你能谈谈丈夫打你这件事是让你不能接受呢还是让你觉得很

受伤害?”或是“你会来这儿只是因为家人的感觉?或是因为你自己也觉得需要?”

实验模块二:

提问训练

学员可以根据两个社工的表现,分别对两个案例中社工运用提问技巧的情况加以讨论。

社工是否问问题太多?(用1-4分给下列选项评分,其中:1分代表一点点是,2分代表偶尔是,3分代表大部分是,4分代表几乎总是。)

在这里社工主要问的是哪种类型的问题?(开放式、封闭式、祈使式……)

社工提问的类型与案主回答的质量之间是否有联系?

社工了解到他(她)想了解的问题了吗?

社工所提的问题会给案主何种感受?

提问题影响社工和案主的关系吗?向什么方向影响?

社工的问题是否引导或限制了案主的表达?

比较案例1和案例2,你更喜欢哪位社工的提问?

学员可分组对本模块的两个个案按照以上信息进行讨论,对个案加以评估,并交流案例中相关内容的技巧把握与运用。下面我们可以结合两名社工的案例加以分析,以供学员参考。

案例1中的社工比较成功地运用了提问的方式来协助案主王女士讨论她的感觉、经验和行为,并针对特定的问题探索(案主生活灰色的原因和启发案主改变自己)而不是漫无目的的闲谈。

他运用了各种提问的方式。开放式的,比如:“你能否举一个你和人交往的具体例子来说明你这种担心吗?”这样的开放问题可以引导王女士对自己前述内容进行具体化的解释,帮助社工更进一步了解她的情况。为了确认自己对王女士信息的理解是否正确,社工也会用封闭式的问题作为提问,比如:“因为担心自己可能会被骗,被瞧不起,所以就不太想跟外人有过多的活动是吗?”为了启发王女士有改变的意愿,社工也会用到祈使问句:“要改变确实很难,但你有没有想过改变这种状态呢?”社工的提问重点明确,也给王女士充分的尊重,站在她的角度来考虑案主的处境。通过各种提问方式社工了解到了他想了解的信息,也启发了案主了解到她自己的感受以及错误的观念和固有的行为特征。这样的提问也增进了案主和社工的关系,使王女士开始积极地思考自身的问题,也愿意改变自身的状态。

而案例2中,面对同样的案主,社工好像不知道该如何提问,也不知道把谈话的重点应该放在什么地方。他的提问给人一种漫无目的的感觉,而且在整个交谈过程中把问题作为自己和王女士的主要对话方式,也没有顾及她的反应和回答的内容,没有及时把握王女士的真正问题和需要。社工还过早地给予王女士一些她不感兴趣的建议,如:“你给自己的生活一点改变,多到外面去走动走动,上海不是有很多兴趣班吗?你可以尝试去活动一下的;你还可以拉着你的小姑姑逛逛街什么的,你的年纪又不大的。”最后本来就自我封闭的案主因为不被理解,也因为被社工东拉西扯的问题给弄得没有头绪,而失去了谈话的兴趣,也把一个尴尬的局面留给了社工,社工则很难收场。

实验模块三:

聚焦训练

学员可分组对本模块的两个案例按照以下问题进行讨论,对案例加以评估,并交流案例中相关内容的技巧把握与运用。

●在聚焦中,社工都运用了什么面谈技术?

●案例1中社工依据什么顺序来讨论夫妻互动的细节?

●案例1中社工把焦点聚焦在什么问题上?

●你从案例1中学习到了什么?

●从案例2来看,社工出现的最大问题是什么?

下面我们可以结合案例1和案例2加以分析,以供学员作参考。

案例1是一个成功的家庭社会工作面谈的呈现。社工运用提问技术,把整个面谈聚焦在一个问题上(夫妻双方无法有效沟通的原因)。引导案主讨论与问题有关的信息,给案主适当的引导,并通过启发案主讲述具体例子的方式来帮助案主探讨问题,依据“礼拜六晚上发生的沟通不良”事件协助他们根据事件发生的先后顺序来发觉丈夫和妻子之间无法有效沟通的原因是“只说批评和评价的话,而不讲内心的感受”。在这个过程中,案主在社工的协助下重新进入当时的情境,发觉自己的感受和错误的假设及不良的沟通方式。社工通过这样的聚焦,帮助夫妻双方认识自己的问题,为后续的辅导工作奠定了基础。

而案例2中,社工不断谈论案主的家庭和工作,一直使用机关枪似的问句对案主的家庭状况、工作状况进行调查,而且都流于表面。但是当案主提到一些关键线索的时候,比如案主和父亲的关系不是很好、不能经常见到父亲时,社工却没有很好地把握这一线索去进行深入探讨,而是又把问题转移到案主和妹妹的关系上。社工的问题致使他和案主的讨论一直流于表面化,而失去了深入探讨案主有关问题的机会。而最不应该的是谈到案主的工作时,社工又表现出对工作收入高的赞许,使话题继续游离到更远的地方。

六、课后练习

1. 利用问题收集信息

为了实践这一活动,学员应分成三人组。在每组中,一个人担任社工,另一人担任案主,第三个人作为观察者。社工的任务是花五分钟时间从案主那里获得信息，规则是社工只能使用提问技巧来获取信息。案主的任务是尽可能直接地回答社工，同时留意与这一简短的面谈体验有关的任何内部情感、想法或反应。观察者的任务是发现社工和案主表现出的模式，例如，观察者应注意社工所提问题的类型以及案主所作反应的质量。观察者还应注意社工的某类问题与案主的反应之间可以感觉到的联系。

这项活动的目的是使学员更深刻地感受到问题会如何影响案主。有些学员可能比其他人更喜欢这项活动，或许是因为他(她)对“问题”感到的适宜程度与他(她)在自己生活中偏好控制与结构化的程度有关。在小组中或在班上思考并讨论下列问题，看一看学员在活动中能否发现“问题”的积极作用、消极作用和副作用。

给社工扮演者的问题：

(1)作为一名社工，只问问题你的感受如何？

(2)在面谈进行中，你对自己的表现和案主对你的反应有过什么想法？

(3)你是否发现自己经常依赖于某一类问题？如果是，是哪一类？

(4)提问题怎样影响你与案主之间的关系？

给案主扮演者的问题：

(1)社工只问问题你的感受如何？

(2)对于你的表现和社工的行为，在面谈中你有过什么想法？

(3)你是否发现社工主要依赖于某一种问题类型？

(4)这种提问方式如何影响了你与社工的关系？

给观察扮演者的问题：

(1)社工与案主在这种面谈方式下显得舒服吗？

(2)社工使用最多的是哪类问题？

(3)社工提问的类型与案主回答的质量之间是否有联系？

(4)这种提问方式如何影响了案主与社工的关系？

最后，小组的三位扮演者应就自己回答的问题进行交流。

2. 利用问题使模糊的陈述明朗化

下面的几个情景是案主的一些较抽象、模糊的陈述。两人一组，一人扮演案主，一人扮演社工，通过问问题，使模糊的陈述明朗化。

案主:我讨厌他们。

社工:你讨厌他们，他们是谁?

案主:是我们班上的同学。

社工:是全班，还是其中几位?

案主:不是全班，是张某和白某。

社工:是不是发生了什么事，令你讨厌他们?

案主:他们两个常常讥笑我，欺负我。

社工:所以你不喜欢他们，能不能告诉我，他们为什么讥笑你?

(可以继续下去)

情景 1:

案主:我知道他们认为我很笨?

社工:

……

情景 2:

案主:他们惹我生气。

社工:

……

情景 3:

案主:他们看我的样子使我很害怕!

社工:

……

情景 4:

案主:我很难过。

社工:

……

情景 5:

案主:我应该做得很好。

社工:

……

第四章
支持与影响
——同理心、面质、自我表露

本章我们将学习如何对案主的思想、行为、感受产生有力支持和影响的技巧。有经验的社工通过对这组技巧的运用会给案主提供支持，使案主有信心、有意愿来解决自己的问题；或者通过对案主施加影响，促使其从新的层面去理解问题，抑或采取其他方法去解决问题。这组技巧的使用是建立在社工与案主已经形成了良好的辅导关系、对案主的问题较为了解的基础上的。

一、实验目的

支持与影响的重要意义在于帮助案主真正地了解自己，且能发展出其他的参考框架(很可能这些框架过去是他们的盲点)，进而可以导向积极的目标与行动。但是有效地使用这些技巧并不容易。本章希望通过课程实践帮助学员了解支持与影响技巧，协助案主看清处理问题的方向和可行方法，使案主能认识到自己在个人言行、认知等方面存在的矛盾，从而改变造成案主生活障碍的因素。

学完本章，学员将可以达成下列目标：

(1)通过五个情境的练习，使学员可以分辨初级同理心和高级同理心的区别，进而准确运用初级和高级同理心。

(2)借着角色扮演学习一个案例，使学员能够领悟面质技巧的要领，在面谈中能够清晰地展现案主明显的矛盾之处，进而揭示案主的隐藏冲突，让案主看到自己的问题所在。

(3)借着自我表露案例的角色扮演，使学员了解自我表露的基本规则，掌握自我表露的时机和要领。

二、实验要求

本章所提供的技巧是建立在良好的辅导关系基础上的,如前所述,良好专业关系的建立同样需要运用诸多的面谈技巧,需要学员认真体会和学习。因此学员进行这组技巧锻炼的时候切不可认为这是面谈中最重要的一组技巧,认为学会此组技巧即可帮助案主解决根源性问题。教师需让学员知道在对案主情况有清晰了解之前,在与案主还没有建立互相信任融洽的专业关系之前,不宜过早使用各种支持与影响技巧。即使到了可以使用这组技巧的时候,也应当知道要尊重案主的个人选择,他(她)有权接受社工的支持与影响,也有权拒绝。在进入实验之前,参与实验扮演的学员要在实验前做好面谈的心理准备,熟识扮演的角色,揣摩其心理活动,尤其是扮演社工角色的学员要先进行自我检视,做好充分的准备,以利于实验的顺利开展。

(1)实验时数:3 课时。

(2)实验设备:独立的面谈室、小教室、多媒体电子教学设备(或摄像机、电脑、投影仪)、移动椅子。

(3)实验人员选择:根据实验内容的两个案例,挑选两组学员担任角色扮演者,让他们课前做好与案例相关的准备工作。

(4)实验前的准备工作:预备演示区与旁观区域,二者有一定的间隔,以助于演示的学员在不受干扰的情况下进入角色扮演中。教师可以先让其他学员了解案例中要思考的问题,使学员带着问题进行案例观摩。

三、实验要素

支持与影响这组技巧在个案社会工作中是一组关键性的技巧。对于很多初学者来说,在建立了融洽、信任、真诚的专业关系后,就较难使工作再深入有效地开展,较难带领案主对自己的问题有突破性认识,这多半是与还不能自如地运用这组技巧有关。因此善于运用这组技巧对整个个案工作都非常重要。这组技巧的关键是帮助案主超越自己的观点或参考架构来看自己及自己的问题状况。在新的参考架构中,案主会看到自己的一些想法或解释是被歪曲的或不正确的,进而产生了困惑,以新的观点来思考自己及其与所处环境的关系,得到一种领悟,进而能发展出动力来实现“自助”。

1. 重点概念

下面,我们将对支持与影响这组技巧进行介绍,主要谈及以下三个主要概念:同理心、面质、自我表露。

(1)同理心。同理心又称“共情”,在临床面谈、辅导和治疗中是一个常常被提起的流行概念。同理是指正确了解案主所传达的信息,并且能够敏锐地觉察出对方信息中的感受,然后将这些了解和觉察,以案主能够理解的语言传达给案主。同理不是对事物的认识,而是进入案主的世界去了解他(她)的参考框架,看他(她)如何看自己,如何看周围的世界,同时体验他(她)的感受。同理分为初级同理和高级同理。初级同理是指社工了解案主明显表达出来的感受、行为和经验并传达给案主,而不探究隐藏暗示的部分。初级同理一般常在辅导的初期使用,目的是为了巩固和案主之间的关系,并使案主觉得被接纳,从而愿意多与社工分享。而高级同理是指不但了解对方表达的表面意义,而且能将其内在的感受与隐藏的行为的目的和意义也表达出来,把对方的隐藏问题显性化,进行更充分和深入的探索。同理在整个面谈过程中都是需要的,所不同的是高级同理在接案初期运用要尤为谨慎,但越到后期则越为重要。下面的例子可以说明这两个层次的同理心。

案主:我的女儿越来越难管教了。昨天,班主任又把我叫到学校,我被他狠狠地训了一顿,还不敢告诉孩子她爸爸。她一犯错误,她爸爸就用皮带抽她,有时候还故意当着别人的面,好像不是自己的女儿,一点儿也不顾及一个女孩子的自尊心。我只好拼命地帮她。一帮她,她爸爸就把矛头对准我,说就是因为我太护孩子,孩子才变成现在的样子,眼中根本没有父母,都是我宠的。

社工:(初级同理)孩子难管教,你又和她爸爸在管教孩子的方法上发生冲突,使你感到非常困扰,是吗?

社工:(高级同理)不知你有没有发觉,你们的管教态度很不一致,这样很可能造成孩子的矛盾心理,使她无所适从。你是不是想首先在管教方式上同丈夫协调一下?

在这里我们看到初级同理只是对母亲明显表达出来的感受即痛苦进行了反应,并传达给母亲,而不探究案主还有什么隐藏暗示的部分。但是高级同理则对案主隐藏的感受进行了反应,即指出案主很可能是要表达夫妻管教方式不一致而造成一家人的痛苦,并希望能和丈夫协调教养孩子的方式。

(2)面质。面质是指社工直接指出案主言谈、行为和感受上的不一致和矛盾之处,或者向案主提出挑战,要他(她)去面对与现实不符的想法,改变缺乏建设性的、自相矛盾的、自我打击的行为。案主遇到问题,常常是因为有严重的心理矛盾和冲突,尽管这些矛盾和内心冲突常常是处于无意识之中的,是案主自己不能觉察的;但是,它的外在表现形式却是社工可以观察到的,如案主不适应、不一致、焦虑、痛苦与消除痛苦的努力等情绪和行为反应等等。面质的目的就是要更清晰地展现这些明显的矛盾,进而揭示案主的隐藏冲突,让案主看到自己的问题之所在。因此,当社工与案主建立了良好的专业关系,同时案主已经表现出足够清晰的情感与行为矛盾时,就可以使用面质技巧,这将产生较好的效果。

而案主身上呈现的内心冲突与矛盾的形式也是多种多样的,通常可能表现为所陈述的内容混乱、前后内容明显矛盾、语言与行为反应不一致、语言与情绪反应不协调等。社工应敏锐地观察到这些表现,并在适当的时机提出面质。这样可以帮助案主检查自己对人、对事的理解和要求,令他(她)认识到自己的理解和要求与现实的差距。

(3)自我表露。自我表露是指社工有选择地将亲身的体会、亲身的经历、自身的处事方法和态度、对人对事的感受向案主坦白,使案主学会借鉴别人的经验,作为处理自己问题的参考。在自我表露中社工引导案主从其他角度去思考问题,或者参考别人的方法来解决自己的问题。当案主知道社工曾经历过与他(她)相似的处境时,一方面会感到社工可以理解他(她)的经历、顾虑与心情,因而拉近彼此的距离，促进专业关系的发展；另一方面社工真诚、开放地把自己的经历、感受与案主分享，这种举动可作为坦诚沟通的榜样，带动案主去表露自己内心的感受和深层次的思想。同时案主因看到社工得以摆脱曾经困扰他(她)的某一问题，所以也会提升案主对自己当下问题解决的信心。

自我表露作为一项有效的支持影响技巧，经常被用于处理案主的内疚感、自责感、羞耻感等“自我否定”的情绪情感。社工可以选择在恰当的时候使用该技巧，通过社工的自我表露，可以帮助案主实现自我认同，减轻和排解案主的自我否定情绪，发展出积极正向的情绪。

2. 实验说明

针对支持与影响的几个基本技巧，本章配备了几方面的实验内容。第一模块为同理心训练，第二模块为面质技巧训练，第三模块则是自我表露训练。教师可以根据学员培养目标与发展方向来有针对性地选择某些模块进行训练。

(1)同理心训练。同理技巧的使用，要求社工除了应具备关心、开放、尊重、接纳的人格特质外，还必须有很高的社会敏感度，有能力随时注意到案主的不同反应和特别需要。但社会敏感度不是朝夕之间即可培养的，社工丰富的经验和阅历对社会敏感度的形成起到至关重要的作用。因此本章提供的训练只能让学员们在一定程度上理解这一概念，但要掌握这一技巧还需要有大量的实践机会来进行经验的积累。

本模块的训练中设计了五个情境，使学员根据不同情境中的案主对话给予初级和高级的同理。在这个练习的过程中学员可以体会到运用同理心时，社工个人需要具备的敏感、认真、专注等素质。教师组织学员讨论时更可以对学员的内部语言进行探讨和关注，加深学员对同理心技巧的理解。

(2)面质训练。面质是面谈中较易引起争论的行为之一，对很多人来说，它好似包含有“攻击”对方的意思，并含有愤怒、暴力、争斗的层面，故此有时甚至被认为是恶意的攻击。若案主认为社工过分批评、排斥他(她),他(她)可能会出于自我保护而不断为自己辩护;若案主感到被贬低,或许会加重他(她)的失败感,导致他(她)无力去改变自己。所以初学者特别要谨记在面谈中慎用面质,有时需要使用迂回、温和的策略,有时则需直截了当地进行尖锐的面质,这取决于案主的类型、问题的性质、矛盾暴露的程度、社工与案主双方的情感协调水平等等。但是不论是非语言的表达如眼神、表情,还是说话时的声调和语气,都不宜有责骂或批判的意思,亦不能期望面质之后案主会马上改变,因为案主需要时间去反思,才能突破自己的盲点。社工需要给案主一个改变自己的时间。

本模块设计的这个案例是一种常见的面质。随着谈话内容的推进,社工先后两度由开始时温和的面质转向尖锐的对峙,迫使案主不得不对自身的行为进行反思,从而促成其内心矛盾冲突的展现。教师可以让学员现场演示,以形象化地展示面谈的进程,然后让学员们分组讨论角色扮演中的面质技巧(可按本章分析与评估中提示的问题进行讨论)。

(3)自我表露训练。即使不从面谈策略角度考虑,社工在案主面前进行适宜的自我表露也是必要的。因为自我表露是最起码的生活智慧,完全不进行自我表露的人将不可能与别人建立基本的信任和相互关怀,也就没有真正意义上的朋友。因为自我表露有很多优点,所以学员在初学时可能很愿意使用这种技巧,但是切记自我表露要注意时机,并非所有的自我表露都具有积极的意义。社工在案主面前进行自我表露必须遵循一些基本规则,以确定表露些什么、什么时候表露、表露多少、怎样表露。否则,社工的自我表露将不会收到预期的效果,并且可能成为影响其专业权威性的不利因素。比如,不能太早表露,因为此时和案主还不熟悉,关系还没建立起来,自我表露会使案主感到很不自在。如果太晚,会失去引导案主开放自己的机会。自我表露也不能太多,这样会让人觉得不安全,并有刻意讨好对方或者显示自己经历的嫌疑。同时,自我表露时,要把握好情绪,避免情绪失控,否则将可能使案主感到尴尬和不知所措,甚至可能会出现案主需反过来安慰、帮助社工的情况。还要注意不能为了迎合案主而杜撰自己的经历进行表露,即使你编造的经历不会被案主发现甚至会给他(她)一定的帮助,但这种造假违背了社工的真诚原则和职业伦理,应该杜绝。

本模块的训练将设计一组案例,案主是一位在子女教育上因过失行为而产生严重内疚感的父亲,社工在面谈中不失时机地插入一段"自我表露",对这位父亲的自责心理进行了情感认同,有效地促成了父亲对自己患有"神经性厌食症"的女儿的配合治疗工作。教师可以让学员现场演示,以形象化地展示面谈的进程,之后让学员们根据本章分析与评估中的问题分组讨论案例中的自我表露技巧。

四、实验内容

实验模块一:

同理心训练

把学员分成两两一组,其中一名扮演案主,另一名扮演社工,并给予案主初级、高级同理的两个反应。然后下一个情境再交换扮演,并且把反应的内容记录下来,最后教师让学员根据本章分析与评估的评定等级对自己的低级和高级同理进行评量。

[案例 1]

案主正在对社工抱怨他与妻儿的低潮关系。他说:"不论在办公室还是在各种社交场合,我的幽默一直是最受欢迎的,几乎每个人都因为我而笑得开心极了,气氛也变得棒透了,我自己也得意得很。但是在家里完全不是那么回事,再好笑的笑话,再幽默的动作,也没人笑一下。儿子说我无聊,太太更是气得要命,说我吃饱了撑的,弄得场面很尴尬,很不愉快。我实在不知道他们到底要的是什么?"

初级同理:________________________________

高级同理：______________________________

[案例 2]

案主，女性，27 岁，自高职毕业后一直在一家公司上班。她说：“唉！每天睁开眼睛，就换上那套穿厌了的制服，又是一脸茫然。还不是为了生活，讨口饭吃，真不知人为什么工作，活着真辛苦，真没意思……”

初级同理：______________________________

高级同理：______________________________

[案例 3]

案主，男，初中二年级，反抗性强，不听管教。社工在家庭访问时与案主的父母进行交谈，其父母彼此抱怨对方……

母：他爸爸每次都不给小孩自尊，不是打就是骂，好像打狗一样。

父：你这做母亲的，每次都袒护儿子，你看他现在都变成什么样子了，根本不把我们父母当回事，从来不把我们放在眼里，都是你给惯坏了。

初级同理：______________________________

高级同理：______________________________

[案例 4]

案主，家庭主妇，育有一子（初中二年级）、一女（小学），是个责任感很强的母亲，照顾孩子无微不至，总感觉如果孩子表现得不好是自己的罪过，尤其怕别人说她没尽到做母亲的责任。现在她正和社工谈论孩子的功课问题。她说：“我并没有过分要求他，只要他每科都在 85 分以上，能分到优等班就行了。这一切都为了他好，他竟然大声地对我叫，叫我别天天管着他，他自己知道该怎么做。我听了，实在很难过，他还小怎么会打算？其实我只想尽到一个做母亲的责任而已，我不要别人以为我不关心我的孩子……”

初级同理：______________________________

高级同理:________________________________

[案例 5]

案主现读大学四年级,即将毕业,且是校学生会主席。她希望在毕业典礼时作为学生代表致辞,但事与愿违。她说:“我知道我自己很喜欢在那个场合能代表全体同学致辞,但是学校却选了物理系的张明岭,他是个很好的学生,而且读书期间也做出很多成绩,说话也流利,是学生会的宣传部长,人缘也好。毕竟没有人天生就注定是当代表的,我的意思是大家都可以公平争取,我真是这么想的。虽然我的学生工作做得比张明岭好,但是我没有他那么有人缘,也没有他取得那么多学生科研成果。事实上,我真的没有什么可生气的。”

初级同理:________________________________

高级同理:________________________________

实验模块二:

面质训练

张海:我感觉,这学期我们一门科目的胡老师对我有偏见,她总是挑我的毛病,与我过不去。所以我也不给她好脸色,找机会与她作对,而且讨厌上她的课。

社工:怎么会这样?你具体说说看。

张海:上她的课的时候,她总是找一些很难的问题故意问我,使我无法回答,并且不让我坐下,令我难堪。而她显得很开心。我真想不去上课了,但是她又每节课都点名。

社工:你认为总被问到最难回答的问题,是这样吗?

张海:其实我和她没什么过节啊,又没有做错什么事情,她为什么这样对我?

社工:所以你现在感到很不公平,是吗?

张海:对啊!

社工:除了你,这位老师对其他同学怎么样呢?

张海:她对她喜欢的同学就很好,而对不喜欢的学生就很不客气。

社工:能举几个例子吗?

张海:对好的人呢,比如李雨姣,她就好像人家是她的女儿一样。不是,应该是她的奶奶一样,那个爱护哦。但是,比如对何语杰、陈明、吴海帆就很不好,一脸不客气。

社工:看来这位老师不只是对你一个人不留情面,是吗?

张海:是这样。所以我们几个看她不爽的同学背后互相诉苦,咒骂她,叫她胡子。

社工:你想想,为什么老师会这样对待你们?

张海:就是对我们有偏见呗。

社工:那是什么行为让她对你们有偏见呢?总不会看到你们的长相,看到你们坐在那里就有偏见吧。(社工笑)

张海:嗯,主要是我们上课都坐在后面,然后说话。主要是听不懂,课堂太闷就互相说话解闷。

社工:那你们觉得上课说话对吗?

张海:当然不对。但胡老师越对我不好,我就越要在课堂上讲话。

社工:你认为这样做能解决问题吗?

张海:虽然解决不了,但我这样做就是想告诉她,别总是觉得好学生如何如何,我也不是好惹的。

社工:这样做,你能得到什么结果呢?

张海:让胡老师以后不要再找我的麻烦了。

社工:但是你得到这样的结果了吗?

张海:好像也没有,她还是很讨厌我。

社工:你说她很讨厌你,你把胡老师的上课提问当做找你的麻烦?有没有想过,如果你能认真做答,胡老师会怎样呢?

张海:嗯,我有过认真回答她问题吗?

社工:再想一想。(社工给予支持的微笑)

张海:哦,我想起来了。我还真的有一次,我听了她讲的内容,自己也有感触,我就说了自己的想法,胡老师还表扬我了呢!

社工:那你还觉得胡老师是在找你的麻烦吗?

张海:我总觉得她是在找我的麻烦。

社工:为什么这样讲呢?

张海:胡老师心里肯定不希望我好好回答。

社工:这就矛盾了,如果她不希望你好好回答,为什么还要表扬你?

张海:因为我回答正确,她不得不表扬我。

社工:那是不是每一个被提问并且答得好的同学都得到表扬了呢?

张海:那也没有吧。

社工:那胡老师为什么要表扬你呢?

张海:我想……她可能是想鼓励我吧。

社工:那你怎么能说胡老师总在和你过不去呢?

张海:这……

社工:其实张海啊,你不单单是在胡老师这一门课上,在很多老师的课上都会有同样的感受,都觉得老师在跟你存心作对。你有没有发觉?

张海:(沉默片刻)嗯……是的。

社工:但其实不是这样的,这只是你的一种感觉。从胡老师这件事情上就可以看出来,可能是你的自卑情绪在作祟。

张海:嗯,我会觉得自己很多功课都不及格,老师们一定瞧不起我。

社工:但老师一般不会瞧不起学生的,更不会因为你考试不及格而瞧不起你,反而会为你操心,希望多提问你,让你上课能认真听讲。

张海:嗯。你说得有点道理。对,不是老师跟我作对,是我自己心里有问题。唉,陈社工,你知道吗?最近我状态是越来越不好了,临近期末我估计又有三门功课不及格。我上学期已经有三门课程不及格了,如果一直这样下去,学校可能会让我退学。

社工：你已经是大二下学期的学生了，退学对于你来说肯定不是好事情，但从你的表情上看，你似乎很平静，并不着急。（温和对峙，揭示内容与情绪表达不一致）

张海：其实我并不是不急，我知道这样下去的后果。

社工：你指的后果是什么呢？你这次如果再有三门课程不能通过期末考试，会有什么结果呢？

张海：重修或者退学。事实上我有好几门课已经重修过但仍没有过关，退学恐怕是难以避免的了。

社工：如果退学，你准备怎样安排自己的生活？

张海：我没想过。也许我会在这座城市租一间房子，继续来你这里辅导……我的意思是我即使不工作，还是要接受你的辅导的。

社工：那你的经济来源问题怎么解决？这里的房租很高，对于你来说不是一个小数目。你母亲靠打工负担你和你弟弟的学费和生活费，她有能力长期承受这样的开支吗？

张海：没有能力（低头不语）。

社工：那你怎么办呢？

张海：不知道！

社工：你说你可能面临退学，你也知道退学的后果。一方面你说自己其实很着急，但另一方面你告诉我自己没有想过一旦退学后该怎么办。你知道母亲没有能力负担你很多奢侈的开销，但你却计划退学后即使不工作也要在这座城市租一处房子继续生活在这里。这是一个很不现实的计划啊，（中等程度面质）你怎么解释自己的行为？

张海：我在努力避免退学，也在认真复习，可我没办法学好。

社工：那你最近这十几天怎么过的，在复习吗？上课坐在后面，还经常说话，是在避免退学吗？

张海：我学不进去，一打开书我就什么都不知道，一进考场脑袋里就一片空白。所以有些课没有去听，也没有参加考试。我的状态很不好，一个人东走西逛，什么都没做，实在无聊就去打打电子游戏，去上网。没有办法。

社工：你知道考试不及格的后果，你说你在努力避免退学，但是你的行为告诉我,你什么都没做,什么都不想做。在临近期末考试的这一个星期里,你不复习、不参加考试,而是一个人漫无目的地游荡(尖锐面质)或者看老师不顺眼,你想一想,这种矛盾的行为究竟意味着什么?

张海:(沉思良久)我想……是在逃避,也在自我惩罚……或者……

实验模块三:

自我表露训练

朱先生:自从上次您和我谈了以后,我想了想,觉得您说得有道理,我们对女儿的教育方式确实有问题。说实话,我现在特别后悔。她小时候体质不好,又好动,不好好吃饭。为此我和她妈经常惩罚她,吃饭的时候经常打骂她,所以才会得了今天这个厌食症。

社工:孩子不认真吃饭,做父母的一般都很着急。问题是当时您是怎么处理这种局面的。遇到这种情况,您通常会使用一些什么手段?

朱先生:我这人性子急,心里一急,就开始骂她,给她规定吃饭的任务,也有强行灌奶的时候。长大一点后,我就在地上画一个圈,若是她不好好吃饭,就罚她站在圈子里一个小时。这些年来,我们简直拿她没办法,看到她得这个病,我吃不下,睡不好。

社工:我们可以想象,您女儿现在已经18岁了,可我看到的却是,她每天吃什么、吃多少,都得看你们的眼色行事。不幸的是,与你们期望的相反,当你们要求她多吃什么的时候,她的反应是不吃,甚至把已经吃下去的东西还要呕吐出来。反过来,当你们提醒她不要吃得太多的时候,她却控制不住使劲地吃个不停,直到把胃塞得满满的,不消化。这就是她的症状。事实上,直到现在,你们还在继续使用幼年时对待她的方式粗暴地干涉她,这恰恰是她的症结所在。

朱先生:我现在已经不再惩罚她了。

社工:问题是,你们在进行自我惩罚,每当孩子不吃饭或者控制不住自己吃个不停时,你们的反应是什么呢?伤心、自责、焦虑,甚至您自己一整天不吃饭,怄气!其实,父母的这种行为本身就会加重她的症状。你们现在是通过自我惩罚来惩罚她啊!

朱先生:原来如此,那您说我们该怎么办呢?

社工:取消对她进食的关注。以后我们会就这个问题作出分析。我的意思是,无论是要求她多吃还是少吃,无论是愤怒还是焦虑、自责,从无意识层面来说都会加重她的病情。这是一项无效的策略!焦虑和自责是可以理解的,毕竟她是你们的孩子,也正是因为你们错误的养育方式造成了她的症状。但是,在孩子面前表现忧虑却是一种无效的、有害的策略。最重要的是,你们需要换一种方式对待她。

朱先生:(沉默片刻,低着头)我真的希望事情可以从头开始!

社工:其实,在对待孩子的教育上,没有人可以保证绝对不犯错误。我过去也有过类似的经历和体验。一次,我在女儿的作业本上签字时,发现她有一道数学题做错了,于是要求她改正。孩子拿过本子看了看,反复争辩说没有错。我当时只有一种感觉:"这么简单的题怎么会出错呢?怎么错了还不承认?"情急之下打了她一巴掌。女儿转身的时候,我察觉她眼里正饱含委屈的泪水……第二天,我在办公室回忆这道题目,猛然发现是我自己错了,孩子的答案是对的,我马上陷入深深的内疚和不安之中。中午,我琢磨着孩子已经回家,于是打了个电话回去。我说:"女儿啊,爸昨天错怪了你,我现在非常不安……希望你能原谅我……"我当时说这些话觉得非常难,一个大男人向小孩子认错?但是那一刻我在想可能以前也有很多时候是我错了,硬是说女儿错了,于是又补充了一句:"还有我现在还不知道的错误……你也可以告诉我吗?你能原谅我吗?"孩子听完我的话,很轻松地骂我是个老顽固,然后一笑。我知道她已经原谅我了。这件事情让我觉得,重要的不是自责、一味内疚,而是要面对自己的过失,向孩子认错,请求孩子原谅并及时改正。这样做,比任何自我惩罚或者否定都要强得多。

朱先生:我现在似乎知道了自己究竟错在哪里,只是没有您那样的勇气去承认,我需要重新考虑自己和女儿的关系问题。

社工:是的。当我们理解了自己为什么会犯这样的错误时,我们就有可能自然地向孩子澄清这个错误。不是因为自责,而是因为爱。我相信您已经认识到了这一点。这也是对她接受治疗最大的配合和帮助。

五、分析与评估

本章主要帮助学员把握支持与影响技巧,即同理心、面质、自我表露。这组技巧较之前面两组在面谈技能上处于更为核心的位置。社工通过向案主提供指导性的情感支持和相应的语言(行为)反应,将案主引向特定和重要的讨论领域,以实现案主的自我领悟与实质性改变。在运用这组技巧时,需要对其性质和运用前提有完整的理解,需要与案主有坦诚的沟通。而社工也应当尊重案主的个人自由,使其可以有不同意见和不同选择。以下,我们对上述的一些案例与练习加以分析,并设立相关的评估指标,以利于学员的分析与把握。

实验模块一:

同理心训练

学员根据下面的评定等级对自己的低级和高级同理进行评量。

水平1:没有理解,没有指导干预。社工的内容和情感反应都是错误的,更谈不上指导干预。这种语言反应实质上没有同理,是应该避免出现的。

水平2:社工反映的仅仅是案主语言的内容,而忽略了情感。只理解了内容,没有情感的理解,可称为“内容反应”。

水平3:有内容和情感理解,是准确的初级同理。社工对案主语言的内容、直接意义和案主的情感都作出了反应。

水平4:有内容和情感理解,又有对隐藏问题的揭露。社工对案主语言信息不仅作出了内容和情感反应,并指出了对方的内在感受与隐藏的行为。

水平5:有内容和情感理解,又有对隐藏问题的揭露,还有探索和思考。社工对案主作出了内容与情感反应,指出了对方隐藏的情感,并促使案主思考,同时提供了行动措施。

这里我们举一个例子,供大家参考。

案主:"我已经尝试过和我的父亲和谐相处。但他对我总是太严厉。"

水平1:不要急,我相信将来总会行得通的(安慰、否认),一个人在青春期对父母表现出逆反是很自然的(否认)。我想,你应该努力去理解父亲的想法。(教育与建议)

水平2:你与父亲的关系正处于很困难的时期,尽管你想改善这种关系,但没有找到好的办法。(单纯的内容反应,没有情感反应)

水平3:你尝试与父亲和谐相处,但又不成功;面对严厉的父亲,你感到沮丧。(既反映了内容,也反映了情感)

水平4:你似乎无法接近严厉的父亲,没法与他沟通,所以感到沮丧;你想让他对你宽容一些,可目前没有找到好的途径。(恰如其分地进行了内容和情感反应,并指出了来访者的心理期待)

水平5:你似乎不能接近严厉的父亲,所以感到沮丧;你需要他对你宽容些,但没有找到好的办法。或许我们有一些办法打破这种僵局。比如,你可以采取这样一些步骤:找一个合适的机会,或者写信给你父亲,坦诚地向他表达这种情感……(在初级同理的基础上,讨论应对措施)

实验模块二:

面质训练

这一模块的案例中,社工对案主张海的两个方面进行了面质:一是认为老师跟他作对,二是说自己在积极避免退学。因为社工和张海已经建立了较为深刻的专业关系,所以社工对他的一些不切实际或者不合逻辑的想法,就较容易进行直接的质疑,引导张海看到自身的问题,而不是把责任推给别人。

在学员讨论的过程中,除了对本个案进行分析外,亦可按下列提示进行讨论:

若你是社工:

(1)使用面质的动机是什么?(让学员知道面质不是对来访者的攻击、厌恶和人格的否定,也不是为了说服来访者接受你的某一观点或建议,更不应该是社工因为自己的挫折情绪,比如无能为力而作出的防御反应;而是为了提示案主就自身矛盾的观念和行为作出思考,从而让其更清醒地意识到发生在自己内心深处的冲突。所以,所有的面质都应该是积极的、富有建设性的,而不是单单提出异议和批评。)

(2)你是否喜欢对案主的表现马上进行解释?(社工应保持耐心,让案主自我领悟。)

(3)你有没有在很短的时间内过多地使用面质的习惯?(这会给案主太多的压力,应遵循"循序渐进"的原则,严格地说应避免连续使用两个及两个以上的面质,因为这样会显得过于激烈,除非案主和社工之间已经非常熟悉和信任,不会因为面质而伤害这种关系。)

(4)在一次面谈结束时是否适合使用尖锐面质。(初学面谈的学员容易犯的错误就是过多地使用尖锐的对峙,而面谈结束时是不适合使用面质的,这样很可能使案主带着消极情绪结束面谈。)

实验模块三:

自我表露训练

学员可以根据自我表露的概念,对社工运用技巧的情况加以讨论。

1. 社工自我表露的内容是否与案主的问题高度相关?

讨论提示:真诚地讨论别人感兴趣的事情是一个人最起码的人际沟通素质,社工进行自我表露应该服从于工作的需要,而不是为了表达自我。因此,自我表露的内容应该既是案主关注的,又与案主的问题直接相关,并与案主所回避的某种情感或事件具有高度的一致性。假如案主的陈述涉及他(她)的内疚感,社工就可以表露自己也曾有过的内疚情绪,而不是刻意表露自己凡事做得都很得当。

2. 过多自我表露和过少自我表露的害处是什么?

讨论提示:过多自我表露的社工通常给人一种以自我为中心或者"自己就需要接受治疗"的感觉,从而削弱了案主对社工能力的信任。过多的自我表露还会使专业关系的界限变得很模糊,使案主忘记对方是社工,因此容易诱发某些超出职业关系的非专业接触。而过少的自我表露则显得过于冷漠和缺乏真诚,难以缩短案主与社工之间的角色距离,不利于积极的工作关系的发展。相比之下,中等程度的自我表露往往更具有积极效果。

3. 自我表露能否占用过长时间?

讨论提示:无论自我表露的内容是什么,都要力求用简明的语言进行陈述,避免占用太多的时间,并在结束一段简短的自我表露之后马上回到案主的问题上来。自我表露时应避免详细陈述事件的细节。一些在生活中就比较啰嗦的社工,往往习惯于慢条斯理地描述一个关于自己的故事,这种娓娓道来的习惯是面谈的大忌。这种情况下,大多数案主的反应是很快岔开话题,回到他们自身的问题上。

4. 自我表露应避免某些极端消极的内容吗?

讨论提示:社工应该清楚,不是什么事情都可以对案主说,尽管这些事情可能有助于增加案主说出类似经历的可能性。特别是一些比较极端的消极内容,如你的自杀经历以及一些严重违背社会公德的行为,如果对这些内容不加区分地进行自我表露,可能会对案主造成负面暗示或认同。在面谈中凡事都喜欢用自我表露来说服案主的社工,实际上是在以自己的标准衡量案主的生活,这无疑将破坏良好的面谈关系和社工的专业形象。

5. 自我表露还应让案主体验到慎重性和真实性。

讨论提示:如果案主觉得,你进行自我表露的内容同样会随意地说给别人听,那么自我表露的效果将大打折扣。为抵消这种心理效应,一个有效的办法是用慎重的语气和理性的态度进行自我表露,避免情绪化和过于夸张的表达方式。

按照上面的提示,我们可以看到本模块中案例的自我表露是及时、恰当、慎重、积极的。

六、课后练习

1. 增进你的情绪表达与知觉①

研究者发现了许多不同文化背景的婴儿与儿童在成长中都会表达和知觉的 7～10 种基本情绪。Plutchik 指出了 8 种具体情绪:愤怒、悲伤、快乐、接纳、期待、厌恶、恐惧与惊奇。这一练习是通过视觉和听觉通道,练习对这 8 种基本情绪的表达与知觉。

情绪的视觉表达需要使用同伴或某种形式的视觉反馈系统,比如镜子、照相机、录音机。让学员逐个练习以上 8 种情绪的面部表情。为了在脸上充分展现这些情绪,学员可能要回想那些使他们产生这些情绪的以前的经历,或想象出现这些情绪的场景。如果通过录像机录下这些情绪后,要让学员记住情绪展现的次序。然后请其他学员通过看录像来分析某个面部表情代表何种情绪,以此确定该学员把握情绪的准确性。

听觉上的情绪表现,可以用下面的一句话练习:

"我现在要出去,我下午不回来了。如果有人打电话,就说我不在。"

请一位学员用 8 种情绪来表达这一句话。或者该学员使用录音机录下自己的声音,而后请其他学员来评估该学员情绪表达的准确性。如时间许可,可让所有学员进行练习。学员们努力辨认每个人

---

① 改编自 Rita Sommers-Flangan 著,陈祉妍等译:《心理辅导面谈技术》,中国轻工业出版社 2001 年版,第 102 页。

表现的是哪种情绪。

相关讨论则关注于是哪些因素导致准确或不准确的各种情绪的表现与知觉。

2. 面质练习

(1)每名学员利用5～10分钟的时间,思考一下自己在日常生活中所具有的一些矛盾、扭曲、不一致、逃避或自我破坏、冲突的行为或事件。

(2)先由一名组员开始,将他(她)的矛盾等的心态或事情报告出来。内容包括:矛盾心态、事情的内容,所造成的结果或影响,期待什么改变,做过什么努力。

(3)报告的成员可以针对自己的状况进行自我面质,使自己不再陷入逃避、扭曲之中,以便更了解自己,导向目标。

(4)或者由其他成员针对报告人所说的加以面质,或对报告人自我面质不满意的部分再予面质,协助报告人进一步澄清自我状况。

(5)如果时间许可,请每名学员参加练习。

(6)最后由教师引导大家讨论:

●自我面质时的感受如何?面对自己或面对别人,有何困难?理由是什么?

●面质别人容易吗?感觉如何?如何表达可以减小被面质者的压力?

●面对别人的面质容易吗?有何感想?学习到了什么?

3. 自我表露

(1)学员们准备几个大家共同关心或感兴趣的主题,如学校生活、生涯选择、情绪问题、人际困扰、职场困惑或爱情经验等。

(2)学员们每5～7人组成一个小组。

(3)每个小组由一名学员开始先叙述自己的困扰或状况,再由其他学员以社工的立场分享自己类似的经验,并互相修正。

(4)刚开始的自我表露也许不能完全达到对“案主”积极启示的效果,但可渐渐地朝这个方向发展。

(5)最后,组员就全部过程的回馈及疑惑进行讨论。

第五章
总结与提升
——摘要、建议、注入希望

总结与提升技巧往往在一次面谈的结束时使用，是指社工总结面谈的关键主题和内容，并针对案主的情况，向他(她)提出建议、提供信息，并且通过鼓励来增强案主改变自己的行为或处境的信心。社工在个案面谈中所做的努力，旨在促成案主的自我领悟与主动改变，通过这组技巧的应用，社工使案主能从自己的处境中被提升，看到改变的希望，并具有改变的动机和一定的资源。

一、实验目的

通过本章节的训练，帮助学员体认面谈中总结与提升技巧的要素和相关知识，如摘要技巧中的自我问题的演练、要提出有效建议的策略和适当时机、注入希望在辅导中的积极作用等。本章节将通过一些实训与案例模拟，帮助学员学习总结与提升技巧，学员通过学习并运用这些技巧，可以对案主的问题有综合的把握，并给予问题解决的可行建议，且使案主生发出解决问题的信心，以顺利地开展个案。

学完本章，学员将可以达成下列目标：

(1)借着三个小案例的训练以加深学员对“摘要”的理解。通过一个案例的角色扮演使学员体悟摘要技术的要领，并学习适时适当地对案主所述问题进行摘要。

(2)通过两个案例的对比，加深学员对建议技巧的了解，并通过示范性案例培养学员相应的应对能力。

(3)通过一个案例的扮演，帮助学员学习注入希望技巧的应用。

二、实验要求

在本章节的训练中，关于技巧的知识内容看起来并不很难。但是真正运用好这组技巧则需要学员有更多的阅历和经历，特别是建议和注入希望技巧对学员自身的成熟度有很大的要求。这就需要学员在平时的生活中对人际交往、人生问题有主动而积极的思考，遇事多想前因后果，假设一下，如果是自己在某种处境中该会有何种反应，如果是自己该如何解决。如此才能有针对性地面对本章中的实验，认真体会案主的处境。在进入实验之前，参与实验的学员要在实验前熟识扮演的角色，揣摩其心理活动，尤其是扮演社工角色的学员要先进行自我检视，做好充分的准备，以利于实验的顺利开展。

(1)实验时数:3 课时。

(2)实验设备:独立的面谈室、小教室、多媒体电子教学设备(包括摄像机、电脑、投影仪等)、移动椅子。

(3)实验人员选择:本章模块一的第一部分需要全体学员参与，其他案例可以根据角色的难易程度，选择合适的人员加以扮演，课程以外的人员也可以考虑。因为有挑战的案例若寻求有表演经验或相关训练的人员来扮演，将更能帮助学员深入了解案例。教师自己也可以在某些案例中充当社工的角色，以给学员良好的示范。

(4)实验前的准备工作:本模块有一些较特殊的案例，教师可以让角色扮演的学员或专门的扮演者在课前先查阅一些相关资料，比如关于同性恋现象的介绍，以及孤儿、同性恋者心理特点的介绍;或者组织一些相关问题的专题讨论。这样可以更好地帮助学员体会角色的困惑与压力，使扮演更有效果。

三、实验要素

社工和案主建立亲密关系是个案工作面谈的基础，但社会工作中的面谈的最终目的不是和案主建立亲密的关系，而是通过一系列的技巧和社工的真诚相待帮助案主探讨自身的问题，并实现案主的自助。这组总结与提升技巧就是把案主带到一个开始生发解决自身问题的愿望的境地。社工也希望通过这样的面谈使案主能够认识自己,最终愿意改变自己或有了改变自己现有处境的愿望。

1. 重点概念

以下,我们仍然是结合社会工作面谈的特点,介绍总结与提升技巧中的三个关键概念:摘要、建议、注入希望。

(1)摘要。在个案面谈中,摘要就是把案主所谈所讲的事实、信息、情感、行为反应等,经过社工的分析综合后以概括的形式表述出来。摘要可以说是会谈中案主倾听活动的结晶。摘要如同穿珠子,把案主所表述出来的散乱的信息的主要内容清理成串,分门别类。摘要几乎是社工每次面谈必用的技巧之一。例如,在收集资料式面谈结束时,社工可以给案主概括一下对方目前存在的几个问题:"从我们前面的谈话可以看出你现在主要有这样两个问题:自己学习上感到力不从心的问题以及和女友是否继续交往的问题。除此以外,还有其他问题吗?"当然,摘要并非只有在一次面谈的结束时才使用,在面谈中社工为了判定是否清楚案主当下所述问题可以随时运用此技巧。摘要可以说是划出了面谈的一个小段落,并且能够起到聚焦的作用,是将游离的话题、过于分散的谈论范围,或几个同时提出来讨论的问题集中,指出重心所在,再继续进行后续商讨。

为了学习摘要技巧,学员也可在心中依次问自己如下问题:

自我问题1:今天和长期以来案主告诉我的是什么事情?我们一直以来在讨论什么?这是有效摘要的关键和困难的部分,包括主要的内容和主要的情感。

自我问题2:今天和长期以来案主不断重复的形态或主题是什么?比如"什么是案主一再重复的事情?"

自我问题3:我用什么样的句首来问案主?

自我问题4:使用我选择的句首和用词描述主题,并将摘要反应以口语的方式表达出来。

自我问题5:借着倾听和观察案主是证实还是否认这个主题,或这个摘要是增加还是模糊了面谈的焦点,来评估我摘要的有效性?

(2)建议。建议是社工在对案主的情况和问题有所了解的前提下,经过评估,根据自己的经验对案主提出的客观、中肯、具有建设性、有助于解决问题的意见。它传达了这样的信息:“这就是我认为你应该做的。”给案主建议是一种以社工为中心的活动,它明确地把社工置于专家的角色中,因而是颇具指导性的提升技巧。建议可以协助案主认识到用来处理自己问题的方法,了解处理自身问题的可选择的方向;增加案主作决定时可选择的范围;鼓励或劝阻案主的某些行为、想法或感受;促使案主采取有建设性的行动等等。

作为社工应该知道,给出建议虽然简单、容易,但同时又是最具风险的事情。建议的内容通常是显而易见的办法,而这些办法一旦是不成熟的,或者是基于对案主问题的片面认识而提供的错误建议,都会误导案主的行为。假如建议不是基于社工对案主的生存状态的全面认知与理解,而仅仅是出于社工个人的生活经验,并具有明显的价值判断成分,这样的建议从根本上违背了社会工作的伦理原则,不但无益于案主,很可能还是有害的。

要给出一项好的建议,一个有效策略是:向案主提供相关信息或一系列可选择的方案,由案主自己作出决定。社工可以表示其对这些不同方案的看法,分析它们的利弊得失,引导案主自由选择。这实际上是一种比较迂回的建议,比直接给出建议更容易被案主采纳。因为在案主看来,这是他们自己的决定,而不是别人的指令(这样的好处是:如果案主按照建议的内容采取的行动获得成功后,案主会得到增能;而失败时也不会把责任推卸给社工)。要是建议有效,建议之后还需要进一步敦促案主,也就是社工通过施加压力或者以恳请方式,促使案主采取建议中提到的某一行动。

(3)注入希望。注入希望是协助案主面对自己的问题、自己的改变和自己的将来重新保持乐观的态度。许多案主常常因为自身或环境的问题而陷入困境,在接受服务时,往往会陷入自己曾经失败的消极的体验中,对自我、对人性充满疑虑,对社工也缺乏必要的信任。所以他(她)不知道自己的问题还有没有救,不知道自己还能不能走出这个困境,更不可能做好准备去改变自己。这时,注入希望就成为一个很重要的技巧。希望的获得有助于激发案主改变问题的动机,当服务结束后，也会协助案主更好地与环境互动和协调。社工可以通过点头、微笑和同理心的表达，传递关心；也可以鼓励案主自己表达感受和想法，有勇气尝试新的行为，让案主知道，如果他(她)愿意，他(她)的问题至少在某种程度上可以被解决和修正。

2. 实验说明

针对总结与提升的三个技巧，本章配备有三方面的实验内容：第一模块为摘要能力的训练，第二模块为建议技巧训练，第三模块则训练学员使用注入希望的技巧。教师可以根据学员培养目标与发展方向来有针对性地侧重某些模块进行训练。

(1)摘要能力训练。在运用摘要技巧时，学员要留心倾听案主提到的不同话题，体会其不同的情感反应，把所谈及的内容及感受的重点串联起来。并且能根据介入的目的，选择适合的时候、适当的内容将辅导过程中接收到的主要事情、意念和感受进行综合归纳，以简单明了的语句进行摘要。虽然摘要的概念很简单，但产生摘要的过程是困难的，因为我们也许不能记住一次面谈中谈到的所有重要问题。有时，由于社工希望在总结面谈内容时更加细致和准确，可能会犯贪多嚼不烂的错误。所以在应用时，初学者切记只需将案主谈到的主题重点摘要出来便可，不宜长篇大论地重复案主的发言；并且可向案主查证自己的摘要是否准确，并允许案主否定、接受或修订社工摘要的内容。

本模块的训练分两部分，第一部分安排了三个小案例的训练，希望通过实际的操练让学员来习得摘要的自我对话，针对每一个案主信息发展出一个摘要技巧的反应。而第二部分则安排了一个成功使用摘要技术的案例。请两名学员分别扮演案主和社工，其他学员观察。案例结束后，学员可以分组讨论，讨论内容可参考"评估与分析"里的问题。

(2)建议技巧训练。建议技巧运用得好会给案主带来很大帮助。在提出建议时，社工应该清楚地说出所提议的内容，并说明提出该建议背后的原因或根据；留意案主是否明白了建议表达的意思，并进一步与案主讨论建议的适合性、可行性，从而提高案主采纳建议、实行建议的可能性。初学者常会犯的错误是以为自己是专家,便为案主提供很多信息和建议,这在面谈中要尽量避免。

在提供建议之前先要了解和评估案主自己已经尝试过的所有办法,否则很可能社工提出的是一个案主已经用过而无效的解决问题的方法;另外,提建议时应具体、精简,不宜同一时间内提出太多建议,使案主感到混乱,无所适从;也应当避免过早提出建议或强加意见给案主,以免导致案主失去探究问题、思考解决方法的机会。通过以上两个常见情境的演练,可以帮助学员审视这个问题,并培养出一定的建议技巧和策略。

本模块由两个案例组成。第一个案例是比较失败的建议,面谈过程已经变成了一个社工单纯提建议的过程,而没有就案主面临的困惑进行分析、评估和界定,由于草率的建议遭到了案主的一再否决,从而使面谈陷入尴尬的境地。第二个案例则是较为成功的建议,以帮助学员了解建议的应用。案例通过社工与案主的具体对话与情境模拟,加深学员对建议的了解,并通过示范性案例培养学员相应的应对能力。

(3)注入希望技巧训练。在个案面谈中,我们常常会发现案主曾经寻求过外在的资源和内在的改变,但因没有很好的支持系统,所以仍无法发生显著的改善,于是,案主沉溺于失败的痛苦中,焦虑、愤怒、沮丧,失望、绝望等情绪情感纠结在一起,无法自拔。此时社工需要借助注入希望的技巧来提升案主改变问题的动机和信心。需要注意的是,社工注入希望时需要作出一些评估和判断,不要把一些不可能实现的希望传递给案主,不切合实际和无法达成的希望对案主的改变没有任何帮助。

本模块设计了一个案例,案主是一位 32 岁的未婚男士,有明显的同性恋倾向,案主有强烈的改变自己同性恋取向的愿望,但却屡次失败,因此情绪十分沮丧。社工通过注入希望来帮助案主分析改变的可能性,进而使案主树立改变自己的信心。本模块通过这个案例的扮演,可以帮助学员学习注入希望技巧的应用。

四、实验内容

实验模块一:

摘要能力训练

本模块第一部分提供三位案主的小案例,以帮助学员学习摘要技巧。头两个案例选择两名学员进行扮演,扮演中把"自我问题"也表述出来,加深学员对"摘要"的理解。然后将学员分成两两一组的小组,根据所提供的示范,对后三个案例所提供的信息按照下面列出的"自我问题"进行出声的自问自答,最后给出一个摘要的反应,然后跟同伴分享。结果请见分析与评估。本模块的第二部分提供一个成功的运用摘要技巧的个案(案例 2),请两位同学分别扮演相应的角色,学员们观摩完角色扮演后,可就分析与评估中的问题对此案例加以分析、讨论。

[案例 1]技巧训练

案主 1:一位已攻读博士学位两年半的化学系男生,阿伟(在前几次的面谈中,阿伟谈到自己写不出论文,对于做实验也没有把握。虽然他也知道再不用功就难以毕业,同时也觉得对不住父母,但却难以抵制网络游戏的诱惑,有时在网吧一泡好几天,因为在网络的世界里他觉得自己很强大,并且也有一些一起打游戏的朋友,他觉得有支持,也让他可以忘记学业的压力与烦恼):我知道爸爸妈妈养我不容易,我家是农村的,他们一直盼着我毕业后找个好工作。可是导师给我定的选题真的有难度,实验这个东西也看运气,一些数据也不是我能控制的,那些设备有时也会出问题,还有很多琐碎的工作。想到论文我就觉得头大,只有打电脑的时候,我才能感到轻松。虽然知道这样下去不行,时间越来越紧,但就是控制不住自己。(低着头,眼睛始终看着地面,声音低沉地诉说着)

自我问题 1:今天和长期以来案主告诉我的是什么事情?

主要的内容：论文难做，网游加剧了问题与压力。

主要的情感：网游让他觉得轻松，但也让他感到自责、懊恼。

自我问题 2：今天和长期以来案主不断重复的形态或主题是什么？

冲突的感觉，一方面觉得有责任控制自己，写好论文，早点毕业，让父母安心。另一方面又回避压力，享受网游带来的轻松、快乐。

自我问题 3：用什么样的话来开始我的回应？

我会用“你觉得”、“我的感觉是”等句首来配合案主的用词“知道”和“觉得”。

自我问题 4：直接表述我的摘要反应。

“阿伟，我的感觉是你被两种力量拉扯着，一方面你知道要控制自己，抓紧时间写论文，并且也会自责；但另一方面打网游让你觉得轻松、快乐，可以回避压力与烦恼。”或是“阿伟，你觉得你持续打网游会使你难以毕业，愧对父母的期望；但你仍然没有决心要控制自己，因为网游让你更轻松。”

案主 2：一名 23 岁的女性，小华。

第一次面谈：至今我还很难相信妈妈就这么离开我们了。那天下午，我接到爸爸打来的电话，说妈妈出车祸了，正在医院抢救。等我赶到时，妈妈身上已盖上了一块白布……（以低沉悲伤的声音诉说，双眼低垂流着眼泪）

接下来的面谈：妈妈出事前，我们吵了一架。她要我和现在的男友分手，我觉得她对我男友有偏见，就维护他。后来，我就生气跑出了家。如果那天我没有和妈妈吵，她说不定就不会被车撞了。她一定是被我气的，在路上也没注意到车子。都是我的错，我不该惹妈妈生气的……（抑制不住地痛哭）

自我问题 1：今天和长期以来案主告诉我的是什么事情？

主要的内容：____

主要的情感：____

自我问题 2:今天和长期以来案主话语中重复出现的主题是什么?

____

自我问题 3:用什么样的话来开始我的回应?

____

自我问题 4:直接表述我的摘要反应。

____

____

案主 3:一名 61 岁的男性。他的重点在谈论自已退休后重新感受到生活的乐趣与意义:以前,我就是两点一线地工作、生活,从来没注意过工作与家庭以外的事情。退休后,为打发日子,我参加了社区的骑车队。没想到已过花甲之年的我还可以找到生活的乐趣,我们一伙人已经骑车到过好几个城市了,这让我觉得生命不是临近终点,而是崭新的开始,还有很多东西可以去尝试。(以开朗、兴奋的语调诉说着)

自我问题 1:今天和长期以来案主告诉我的是什么事情?

主要的内容:______________________________

主要的情感:______________________________

自我问题 2:今天和长期以来案主话语中重复出现的主题是什么?

____

自我问题 3:用什么样的话来开始我的回应?

____

自我问题 4:直接表述我的摘要反应。

____

____

[案例 2]渴望爱却屡屡受伤的小芳

小芳:谈起我的感情问题,真让我百感交集。我想每个听了我的故事的人,都会为我悲哀。

社工(女):看来你的感情问题,让你心酸不已。

小芳:唉,是啊!

社工:能跟我具体谈谈吗?

小芳:嗯,自从5岁被送到孤儿院后,我就不知道什么叫快乐。在孤儿院里衣食虽然都可以达到温饱,并不缺乏,但是一大堆孩子只有一两个保育员照顾,所以我总觉得好像少了什么似的,总是有一种渴望,渴望有自己的家庭,渴望有人全心全意爱我、照顾我。

社工:孤儿院的孩子多,照顾的人少,你得到的爱与照顾不够,因此你渴望拥有自己的家庭,来弥补爱与照顾上的不足。

小芳:高中一毕业,我就迫不及待地离开孤儿院,希望找到疼爱自己的人。后来我就开始工作了,在我的工作单位中,有一个人非常照顾我,不过他足足大我20岁,早已经结婚了,而且有一对双胞胎女儿。我对他很依恋,喜欢他对我的体贴、疼爱,所以就不顾一切地和他在一起了。他告诉我,他的婚姻不幸福,他的妻子是一个特别霸道的人,如果不是为了孩子,他早就离婚了,但是他不忍心他的两个女儿从小就家庭不幸。遇到我后,他才觉得生活又有了希望,他会想办法和他太太离婚。我等了3年,为他打了两次胎,最后我又怀孕了,但是那次我不想再堕胎,但我也不想当个未婚妈妈,我想有一个完整的家庭,也不想再这样做别人的情妇,所以我要他赶紧和他妻子离婚。可是他总是拖,因为我的肚子再也藏不住,所以只好再次堕胎。到那时,我的耐心已磨尽,和他谈也没用,最后我就把他太太找出来,想和她谈判,希望早一点了结这种痛苦的经历。(案主哭)

(社工递过纸巾,轻轻拍了拍案主的肩膀)

小芳:没想到,他太太非但没有吃惊,而且一点也不紧张,并且告诉我,他在外面拈花惹草已经不是一天两天的事,我不是他第一个外遇的对象,也不可能是最后一个。如果不是为了孩子,她早就离婚了。不是她不想离婚,是他不愿意离婚,他要"家里红旗不倒、外面彩旗飘飘"。现在她对他已是眼不见为净,孩子才是她的希望。她规劝我,找个好人家嫁了,不要再傻了,跟着他受苦只会毁了自己的前途。我那时候才突然意识到自己好傻,他一直在骗我啊。后来,他知道我

找他太太谈判，竟然毒打我一顿，并且说他只是和我玩玩而已。（大哭）

社工：（把自己坐的椅子拉近案主，拍着案主的肩膀，给案主一段哭泣的时间）你对被爱与被照顾的渴望是很强烈的，但这却让你一时失去了理性，掉入别人的骗局。三年的付出，换来的只是身心的伤痛，这一定会让你觉得受了很大的委屈。

小芳：如果我能从这次教训中唤回自己的理性，今天就不会再次堕入另一个令自己心碎的困境了。

社工：是什么事情？

小芳：我难过地离开原先的工作单位，因为我已经不能再在那里待下去了，我无法再面对这个可怕的男人，我看到他就想逃，他却像个没事的人一样。我从那儿离开后，下定决心，不再糊里糊涂被男人欺骗了。我在新的工作单位原本过得很愉快，谁知道在公司的一次年度联欢活动中，认识了另一部门的一个男人。其实，一开始我对他没有多大兴趣，因为吃过一次亏，受过不少苦，变得小心多了，心想，几次不理他，他便会知难而退的。没想到，他死心眼，我对他的冷漠并没把他吓跑，反让他愈挫愈勇，一直表现得对我很好。倒是我，心里常常过意不去，觉得对不起他的热心。最后，因为自己害怕寂寞，又拒绝不了这种被关心、有人爱的感觉和被追求的那种虚荣，就正式跟他交往了。在我们交往一年半的时间里都是很幸福融洽的，但是不久后，他从小青梅竹马的一个女人，也是他前一任的女友，带着一个孩子来找我，说那个孩子是他的骨肉。说他们同居了两年，孩子都有了，只是两人都不想那么早受婚姻约束，所以一直没办理结婚登记。他那青梅竹马的女人很不甘心，除了来找我之外，还以自杀威胁他，连她父母都出面，希望他负起责任。我的男朋友怕惹出人命来，只好向我说抱歉，希望来生两人再续情缘。这晴天霹雳，粉碎了我所有的梦。我的心像刀绞一样的痛，一声“抱歉”，就可以轻松自在地抹掉我这一年半的付出吗？来生再续情缘，他以为这是神话故事吗？我的感情真的这么不值钱吗？难道一个人想找个依靠的对象，是错的吗？为什么这五年来，我真心的付出换来的却是满身伤痕呢？

社工：(沉默片刻)为了满足被爱、被照顾的渴望，这五年来，你寻寻觅觅。可是两次的恋爱，你为对方付出了一切，甚至为对方堕胎，结果最后都被对方所欺骗，现在一定是会有伤痕累累的感觉。而且这一切都让你觉得想不通。

小芳：是的。我目前心里仍然感到痛苦，可是我想理个清楚，我不想再一次受骗。我一直在想，究竟是这个世界的男人都太坏了，还是我自己太笨了，或者是我什么地方做得不对劲？

社工：你想知道问题是出在别人身上，还是出在自己身上，以免自己再次受骗上当。

小芳：(点头)有时候我想是不是因为我从小是个孤儿，人家说孤儿的心态都不正常，他们小时候受的伤害也会影响到他们未来的婚姻，所以注定了我一辈子就这么凄凉。但是我又看到我好多孤儿院的同伴都结婚了，个个婚姻幸福，不像我这样凄凄惨惨，我很羡慕她们。我想应该不是这个世界的男人都坏，否则我这些同伴不可能这样幸福。应该也不是孤儿就不会有幸福的家庭，不能把结果都归咎于童年的这段经历。

社工：你排除了别人的因素和童年经历这个因素，所以认为问题可能出在自己身上。

小芳：没错。我的确有这种想法，所以我想寻求答案，免得自己再次受骗上当，我想过一个正常人的有个安稳的家的生活。

社工：好，我大致清楚你要表述的内容了，我将我们刚刚谈话的内容作个归纳，看看我的了解是否正确。你在 5 岁时被送到孤儿院，由于孩子多，保育员少，你能得到的爱与照顾很有限，所以你一直渴望拥有自己的家，以满足这方面的缺憾。高中毕业后，你先后有了两段感情。在这两段感情中，对方对你的照顾与爱，正是你在孤儿院得不到而寻寻觅觅想要拥有的，所以你不顾一切地投入，可是这种飞蛾扑火的奋不顾身，最后却把自己弄得身心受伤。而经过这些以后，你开始思考感情问题是出在自己身上还是在别人身上。看到孤儿院同伴个个婚姻幸福，所以，你认为问题出在自己身上，因此你寻求帮助，希望不再受骗上当，更希望能有一天建立一个安稳的家。

小芳：对的。听你这么说，我似乎也感觉到，只要对方关心我、照顾我，我就会不顾一切地陷下去，不管对方是阿猫、阿狗，我就有点饥不择食。就像我第一次谈恋爱一样，对方的年纪足可以当我爸爸了，而且他的小孩年纪和我差不多，我竟然毫不犹豫地愿意当第三者，还傻傻地等他离婚，而且也相信他一定会离婚。最后他不要我了，我还以为是自己被伤害，其实我也在伤害别人的家。我真是太傻了。不过，我对自己仍旧没有信心，没有把握下一次不会这样傻。

……

实验模块二：

建议技巧训练

[案例1]婚姻危机中的王太太

案主王太太的丈夫有外遇，自己又失业在家(下面王太太简称"王太")。

王太：……我不知道是否应当给他打电话。

社工：我认为你至少一周内不应该给他打电话，你应该等他给你打电话，你是一个女性，女性在恋爱和婚姻中都不能过分主动，你若过分主动的话，主动权就不在你这里了。你知道吗？他就会觉得你需要他，他就不在乎你了。你要欲擒故纵。

王太：别人也这样建议过，我的朋友，还有我以前的同事，好多人都是你这种想法，可我总是做不到，不给他去电话我就难受。我觉得这样为了赢得他的重视而不给他打电话，那也太过于用心计了。

社工：那你可以给他发短信，或者给他送卡片，不要用电话的方式与他联系。这样比较含蓄，也可能不会让他觉得厌烦。不然你想想如果他在开会或者在外地，你总是打很多电话，会让他觉得他的生活作息完全受干扰了。而且一个男人老是接老婆的电话，大概在众人面前也没面子吧。

王太：这些办法我都试过，但都没用，他很讨厌我，嫌我烦，或者根本不理我。我就觉得我的短信和卡片都是扔到了一个空洞里，没人会回复我的，所以我宁愿打电话给他。这样我可以听到他的声音，哪怕是他不耐烦的声音。

社工：看来这还真是一个难办的问题呢。等一等，让我再来想想还有什么办法。

王太：其实我都已经绝望了，我不知道该用什么方法来挽回他，他是我的丈夫，难道我不应该经常给他打电话吗？他难道就在外面跟更多的女人待在一起才觉得开心吗？

社工：要不然这样吧，王太，我这里有一些教女人如何跟丈夫相处的书籍，你可以看看。

王太：我现在心乱如麻，根本看不进什么书的。

社工：但是你现在不看书也不行啊，你很多道理都不懂。

王太：都是什么道理啊？

社工：你需要知道一些做女人的道理，你需要注意打扮自己，丈夫在外面有外遇，很可能是因为你自己在家中没有注意形象，又加之很久没去上班了，也不太知道现在的流行，就越来越像黄脸婆。这样，一天到晚他回到家看到的就是你的不修边幅的举止，这样他可能也没心情回家。

王太：……（沉默不语）

社工：或者是你可能不太会烧饭，我在一本书上看到过这样一句话：要抓住男人的心，就要抓住男人的胃。我觉得蛮有道理的。家里如果一年到头都吃的是同样的饭菜，男人可能也不想回家吧。

王太：唉……我们都是家常菜，当然没有饭店的好吃好看了。

社工：要不这样，可以趁他回家的时候给他烧一顿好饭好菜，房间布置得有情调一点，让你们找回当年的感觉，然后你再打扮修饰一下自己。这样他就会重新认识你。

王太：其实这样的方法我的朋友也建议过我的，我试过，第一次很管用，他也很感动，可是后来他也不稀罕这些了，好像无论我对他怎么好，都不能挽回他的心了。

社工：这样啊，确实很难啊。

王太：是啊。

社工：那真是还不如离婚了呢。他已经不爱你了，还缠着他做什么？

王太：小吕社工，我想你还太年轻，不能体会我的心情和我的处境吧。我不想离婚。

社工：……

[案例2]像母亲的女友

梅丽：他关于我们要不要结婚的想法，实在很让我头痛，我不知道有什么办法可以改变他。

社工：到目前为止，我们讨论了许多关于你男朋友的事情。我想你对他或许有比较清晰的认识。要知道，他是一个缺少母爱、由父亲一手抚养长大成人的孩子。

梅丽：我现在明白了，为什么他在知道我曾经有过一次婚姻、生过一个儿子以后，会疏远我，回避婚嫁问题。因为他自己也被母亲抛弃过。他一岁时父母离异，以后一直和自己的父亲相依为命。可能他觉得——我和他母亲很相似。

社工：是的。因为你的情况与他母亲如此惊人的相似，他可能无意识地把自己对母亲的情感转移到了你的身上。这种感情往往非常复杂和矛盾，甚至是很混乱的。

梅丽：我就是想搞清楚，那究竟是一种什么感情？

社工：我们或许可以体会一下他的感受。从母子关系的角度说，他很早就和母亲分离了，自然缺少母亲怀抱中温馨、安全、被保护的感觉。一个人幼年缺少的感觉、未被满足的感觉，往往会导致成年后神经质的追求和体验。这能解释为什么他和你会一见钟情，因为在你的身上有一种不同于其他女性的母性的魅力。但同时，他对母亲又怀有一种难以释怀的怨恨，如果碰巧他的父亲又在他成长过程中给他灌输“妈妈不要你”的观念，这种怨恨会像野生的藤蔓一样繁衍生长，让他对类似于母亲的女人爱恨交加，异常矛盾和痛苦。

梅丽：嗯……他现在一方面回避结婚的话题，另一方面又不同意跟我分手,要我只做他的女朋友。但是,当我说同意当他的女朋友以后,他又说要和我做普通朋友。总之,他既不愿意离开我,又用这些话来折磨我。而且我发现,每当我难受的时候,他的情绪就很好,如果我在电话里说我过得很好,他就特别的沮丧。

社工:很显然,他对你既爱又怨。这不过是他对母亲感情的转移与投射。从另一个角度看,他对父亲怀有很深的内疚感。他知道父亲不可能接受一个像他母亲一样的女人,不愿意有这样一个女人来做自己的儿媳妇。如果他和你结婚,这就意味着是对含辛茹苦把自己养大的父亲的背叛。他曾经告诉过你,父亲就是为了他,才没有再婚。尽管这样的说法对他其实很不公平,但他就是这样理解的。这是他之所以不愿意和你结婚的主要障碍所在。

梅丽:那……我们有什么办法让他改变这种想法吗?

社工:除非他真正面对自己的问题,重新看待自己的母亲,接纳她,不再保留怨恨;除非他客观地理解父亲的生活,走出父亲的阴影,不再保留自责和内疚。但这一切似乎不是你能做到的。你唯一能做的不是去改变他,而是理解他的这些感受,并尝试不再受他的问题的牵连。

梅丽:我不太明白你的意思。

社工:我的意思是,在与他的关系中,你不要去扮演那个让他爱恨交加的“母亲”角色,不要像过去那样没完没了地发送手机短信,或通电话讨论爱不爱、结不结婚、生没生气等问题,无论他怎样表达不好的情绪,你都不必上心,不要把这些理解为是针对你的,这是他对自己的母亲的一种情感发泄。你不必只是因为让他开心而违心地做出自己不情愿的承诺。否则,你将很被动,无法掌握自己的情感、命运。

梅丽:哦,我明白你的意思了。

社工:所以现在你可以暂时不跟他联系,给他和自己一段冷静的时间。

梅丽:我担心如果我不与他联系,他会不再理睬我。因为他是一个很聪明的人,非常有智慧的男人。请你告诉我,要是我换一种方式对待他,他会离开我吗?

社工:也许,这完全可能。但我更清楚的是,如果你与他不结束现在的交往模式,你们将继续以相互折磨、妥协、讨好、愤怒等方式相爱,他也就不可能真正去反省自己的问题,因而你们也不可能走入婚姻的殿堂。(沉默片刻)我们还可以假定:如果因为你三天,或者一个星期,或者更长的时间没有给他主动去电话,他就会不理你了,这说明什么?

梅丽:说明他不再爱我了。

社工:不,准确地讲,这只是说明他的确选择了放弃你,你愿意为这样轻易放弃你的男人保持单身,或者一辈子没名没分,只做他的情人吗?

梅丽:哦,我明白你的意思了,我不会选择这样的生活。

社工:当然,也有另外的可能,那就是,由于你的改变,他不得不去面对他自己的问题,并因为珍视你们之间的感情而作出相应的改变,但这可能需要专业人士的帮助。

实验模块三:

注入希望技巧训练

案主孔超是一位32岁的男性,从14岁起就有与同性亲密交往的历史,但一直未发生实际的同性恋性行为。近几年,孔超与本单位的一位年龄相当的男士关系甚密,形影不离,并伴随有强烈的性冲动,难以自制。他多次希望改变都没有办法,因而陷入极度矛盾和痛苦之中。孔超相貌英俊潇洒,常有女士追求,但在异性面前无性冲动。孔超是在一个子女较多的普通家庭长大的,排行最小,有三个姐姐,现在都已成家并有了孩子。他的父亲是一位性情粗暴,对家庭、子女和妻子漠不关心的人,与子女情感关系比较疏离,对子女缺乏关爱与鼓励。他的母亲是一位温柔、能干、贤惠的传统妇女。案主的母子感情深厚,大学毕业之后,有了一份满意的工作,经济收入较高,事业上一帆风顺,经常资助自己的父母和姐姐。

孔超看过一些关于同性恋的资料,尽管很多资料都是在引导他认同接纳自己的同性恋身份,但是他仍然希望过主流价值观下许可的家庭生活,不希望成为一个同性恋者。

社工:上次我们讨论了你的问题,我想你也许知道了自己为什么会有这个倾向。

孔超:是的,我似乎明白了一些东西,但我不知道自己该怎么办。有时候我甚至有自杀的念头,想为家人再多挣一些钱,然后去死。我不想这么不正常地生活下去,因为我没办法改变。

社工:现在你知道自己问题的一些原因,但对自己的改变没有信心。你说自己没有办法改变,或许有一些不能改变的理由。我曾经说过,不是所有的同性恋朋友都一定要改变自己,"自己决定改变"是治疗的前提。

孔超:问题是——我在网上咨询过一位专家,他说我有两种选择:一是保持原样,还说同性恋是没有办法治疗的;还有一种办法,就是找一个女人谈恋爱,可以抵消这种倾向。可是,我是同性恋,我对女人没感觉,怎么可能恋爱呀?

社工:我相信这是许多生理医生及精神科医生的看法。应该说,同性恋无药可治,这是对的。因为大多数同性恋不是生理原因所致,至少现在医学上关于同性恋的生理成因没有定论,倒是大量的研究表明,同性恋是由于成长过程中的一些心理、社会因素所导致的。既然心理社会因素占很大比重,那么通过心理社会干预,一般就能够使同性恋行为发生改变。至少,理论上是这样的。

孔超:我希望结束这种状况,问题是我不知道怎么能够改变。我试了很多方法,都不行。我觉得已经绝望了。

社工:如果我们不对自己的行为作出解释,不清楚为什么会这样,不想去问为什么,我们将无法改变。通过面谈与辅导,我们大致要解决这样一些问题:首先,我们要弄清楚你为什么会有这种倾向?它是怎么形成的?它与你成长过程中发生的事情、接触的人以及你与他们之间的情感关系有什么样的联系?回答这些问题你需要一段时间的心理分析。因为很多时候,关于我们的心理问题或症状,的确不是一个道德上的、理性认识上的问题,而是某种感觉或体验的扭曲,正是一些留存于我们内心深处的某种感觉支配了我们的行为。对于这种感觉,我们需要追本溯源……重要的是,在进行系统辅导之前,我们需要确定一个现实的辅导目标,这个目标应该是你自己认可的,而不仅仅来源于我的建议。

孔超:您认为我可以从同性恋变为正常的男人,可以和女人恋爱、结婚,有正常人的家庭生活?

社工:为什么不?我已经带领许多有同性恋倾向甚至有同性恋性行为的人转变成异性恋了。如果不是生理的原因,而是心理因素造成的,转变就是可能的。即使退一万步来讲,你真的是由生理原因造成的,那也不是没有转变的可能。就像一个人天生爱发脾气,难道他就没有可能变成一个不爱发脾气的人吗?我只是有些疑问,你能够作出改变的决定吗?这很重要。

孔超:我当然愿意改变自己,否则我不会来寻求你们的帮助。我的目的就是要找到一种办法,让我不再对男人感"性"趣。我跟别的同性恋的人不一样,他们认同自己的身份,我不认同,我想过一个正常的男人的生活,有自己的妻子和孩子。

社工:这很好。不过这是最终的目标,它也许不是一下子就可以达到的。但是只要努力,一定可以分步实现。为此,或许我们要讨论与这个目标相关的问题,并确定我们每一步将要达到的目标,看看我们到底需要做些什么,比如,调整你与母亲及姐姐的关系。

孔超:这很重要吗——我说的是我与她们(妈妈和姐姐)的关系?

社工:当然,这关系到你为什么是同性恋,这到底是怎么形成的等问题。只有在确定这些问题后,我们才知道,究竟需要作出怎样的改变。尽管这些问题不是你现在最关心的问题,但是对这些问题的解决将直接影响到是否能够达成你的终极目标。不必担心,这些问题通常是能够找到答案的。

五、分析与评估

本章主要帮助学员把握总结与提升中的三个要素，即摘要、建议和注入希望。这些要素不仅在面谈的后期使用，其实在整个面谈过程中都可以使用。以下，我们对上述的一些案例与练习加以分析，并设立相关的评估指标，以利于学员的分析与把握。

实验模块一：

摘要能力训练

第一部分的训练请学员根据下面的回馈来评估自己对于摘要技巧的掌握程度，看自己的摘要反应是否跟提供的参考答案相似。然后查验自己比较容易在哪个环节出现问题。

[案例1]

案主2：一名23岁的女性，小华。

自我问题1：今天和长期以来案主告诉我的是什么事情？

主要的内容：她难以接受妈妈离开的事实，认为自己有责任。

主要的情感：她觉得悲伤、后悔与内疚。

自我问题2：今天和长期以来案主话语中重复出现的主题是什么？

很难接受妈妈这么突然地离自己而去，是自己的过失导致妈妈出事。

自我问题3：用什么样的话来开始我的回应？

使用像“我感觉到”、“我能理解”、“我觉得”等句首配合案主诸多的情绪感受。

自我问题4：直接表述我的摘要反应。

“我感觉到你很后悔那天和妈妈吵架，并觉得自己要为妈妈的车祸负责。同时从心里也难以接受妈妈离开的事实，心里很悲伤。”或是“我能理解你很难过妈妈突然地就离开了以及内疚自己事前还和妈妈吵过架。”

案主3:一名61岁的男性

自我问题1:今天和长期以来案主告诉我的是什么事情?

主要的内容:退休后的新生活很好、很有价值。

主要的情感:兴奋和喜悦。

自我问题2:今天和长期以来案主话语中重复出现的主题是什么?

以前的生活很单调,只有工作和家庭。现在他开始关注到自己的兴趣与外面的世界,并充满憧憬。

自我问题3:用什么样的话来开始我的回应?

话语中的感官用词不太明显,只在后面出现一次"觉得",可以在回应中强调其感受,如"似乎你觉得"、"我听到你的感受是"。

自我问题4:直接表述我的摘要反应。

"当你发现退休后的生活比原来的两点一线式的生活更精彩时,似乎让你觉得惊讶、兴奋,很是欣喜。"或是"自从你退休后参加骑车队后,你似乎对目前的生活方式感到非常的快乐,好像它让你和你的生活更有价值。"

在分析案例2时,学员们要留意案主小芳和社工的肢体语言,并分析社工摘要的内容是否恰当。而在具体面谈任务方面,学员可关注如下几个目标:

(1)社工是否弄清案主的问题,明确其求助目的。

(2)社工是否总结出了案主的所有问题。

(3)社工的摘要技术是否反映了他清楚案主的问题,并及时给予回应。

以上的信息学员可以以1~5分对案例加以评估,并分组交流案例中所运用的技巧及把握的程度如何。下面的分析,可供学员作参考。

此案例展示了社工综合运用各种面谈技巧,最后以摘要作为对前述问题的总结和启发。

在面谈中社工运用了简述语意技巧、同理技巧、提问技巧等。比如"孤儿院的孩子多,照顾的人少,你得到的爱与照顾不够,因此你渴望拥有自己的家庭,来弥补爱与照顾上的不足"、"你想知道问题是出在别人身上还是在自己身上,以免自己再次受骗上当"是对上面案主对话的简述语意技术。"你对被爱与被照顾的渴望是很强烈的,但却让你一时丧失了理性,掉入别人的骗局。三年的付出,换来的只是身心的伤痛,这一定会让你觉得受了很大的委屈。"这段话是初层次的同理心技术。"能跟我具体谈谈吗?""是什么事情?"等是提问技术。这些技术很好地回应了小芳的谈话内容,使小芳可以顺畅地表达令自己困惑的思想和痛苦的遭遇。

因为小芳曾经受过很大的伤害,所以在面谈过程中,社工不只在言语上面表达对她的同理和支持,也给予她非语言的鼓励,比如递纸巾、把自己的椅子拉近小芳,拍着她的肩膀。这些都起到稳定小芳的情绪、鼓励她继续表达的作用。因为社工和案主同为女性,所以社工的身体接触也非常自然恰当,同时会传达给一直缺乏爱的小芳一种关爱的态度。

而在案例的最后,社工的摘要技术不只对小芳上述的表述进行了恰当及时的总结,也让小芳有机会看到造成问题的主要原因,这就为后面的工作打好了基础。

实验模块二:

建议技巧训练

学员可以根据下列提示,分别对两位社工运用建议技巧的情况加以评量:

1:一点点是　2:偶尔是　3:大部分是　4:几乎总是

(1)社工是否清楚地说出所提议的内容?

(2)社工是否说明提出该建议背后的原因或根据?

(3)社工是否鼓励案主去考虑有关的建议?

(4)社工是否进一步与案主讨论建议的适合性、可行性,从而提高案主采纳建议、实行建议的可能性?

(5)社工是否以案主能够明白的词句、方法去表达，避免她们无法理解？

(6)社工是否提供太多意见？

(7)社工是否太早提出建议？

(8)社工是否将意见强加给受助者？

下面我们对本模块中的两个案例进行分析，学员可以作为参考。

案例1中的社工或许是因为年纪轻，或许是因为想急于帮助案主摆脱困境，他一直在努力地提出各种建议，也基本上能说出自己建议背后的原因。比如因为"女性在恋爱和婚姻中都不能过分主动"，所以"我认为你至少一周内不应该给他打电话"等等。比如提议王太太要注意自身形象以此来吸引自己的先生。但是这些建议都很不成熟，理由也很书本化。而且社工没有考虑到王太太曾经试用过这些方法，但是最终都失败了。所以当社工一次次提供她曾经尝试失败的策略时，王太太就会渐渐觉得社工不能给她带来实质性的帮助。而且社工只是在提供建议，中间缺乏同感、共情，甚至对王太太带有批评的意味，只是一味地将自己的意见强加给她。并且社工传达出来的一种态度会让王太太觉得：社工认为她的丈夫之所以有外遇，全部都是她的责任。社工这样大量地提出建议，而王太太又不被理解，最后会造成王太太的阻抗，并最终使她拒绝被社工辅导。从这个案例中我们可以看到，面谈的目的不是给出意见，社工来源于个人经验或书本知识的建议，对案主来说往往是无用的。

案例2中的社工则非常智慧，在面谈中，他并不是一味地提出建议，而是站在案主梅丽的立场上帮助案主思考她所面对的复杂的情感问题，并启发案主看到错综复杂的情感背后的一些真实原因(比如梅丽男朋友把对母亲的感情移情到她的身上)。当梅丽不能理解社工的表达时，社工给予及时和必要的澄清。社工最后给出的意见有"你唯一能做的不是去改变他，而是理解他的这些感受，并尝试不再受他的问题的牵连"、"所以现在你可以暂时不跟他联系，给他和自己一段冷静的时间"。当梅丽不是一下子就能领悟这些建议的合理性时，社工则循循善诱，和她一起讨论并分析所提建议的适合性、可行性，从而提高梅丽采纳建议的可能性。

在整个面谈过程中，社工不是为了推行他的建议，而是设身处地地为案主着想。社工对建议技巧的运用也不早不晚，不多不少，非常恰当和明智。

实验模块三：

注入希望技巧训练

学员可以根据下列提示，进行讨论。

(1)社工在什么时候运用了注入希望技巧？

(2)社工运用注入希望技巧恰当与否？

(3)社工是否注入了不切合实际的希望？

(4)案主能否在这样的辅导中得到肯定和支持？

下面我们可以对模块三中的案例加以分析，学员可以作为参考。

这是一个比较成功的运用注入希望技巧的案例。案主孔超是一个对自己同性恋身份不认同的同性恋者，他希望自己能过上一男一女的夫妻生活。但是对自己能否发生改变充满怀疑和悲观的绝望情绪，甚至想自杀。社工正是在孔超绝望的时候一次次鼓励他，给他以希望。并且这些希望不是虚无缥缈的，而是建立在社工自己大量的辅导经验和专业知识基础之上的。这给孔超很强的稳定感，特别是此时在案主的思维、情感都很混乱的情况下，这样的希望更能够提升孔超改变自身的意愿。此外，社工不单单讲大的目标“变成异性恋”，也注意到要告诉孔超在实现这个大的目标过程中，需要帮助他解决当前棘手的问题。社工这样将自己分步骤、有计划地帮助孔超解决问题的想法告诉他，也是一种注入希望的技术，让孔超逐渐平复下来，知道问题是可以得到解决的，于是认真仔细地面对自己的问题，并积极地寻求改变。

六、课后练习

1. 根据下面社工的摘要来讨论这名社工所做的摘要合适吗?如果好,好在哪里?如果不好,问题出在哪里?

现在我想总结一下你今天谈到的四个主要问题:第一,你提到由于你的父亲非常专断,你的童年是很辛苦的;第二,在你当前的婚姻中,你发现自己过分挑剔妻子教育儿子的方法;第三,你认为自己有控制欲和完美主义,你认为这与你婚姻中现有的冲突有关;第四,嗯,第四(长时间地停顿)嗯,我想我忘了第四点是什么……但我肯定想到过。

2. 两两一组,其中一名学员对另一名学员陈述五分钟的主题内容,比如最近一周遇到的最重要的事情,另一名学员听好后,做摘要。然后互换角色,并进行讨论。

3. 利用角色扮演练习建议和注入希望技巧。

(1)三个人一组,其中一人扮演案主,把自己最近一周来生活中发生的让自己觉得困惑、没有办法解决的事情说出来,然后由第二人扮演社工,运用建议和注入希望技巧来帮助"案主"。第三人观察记录社工和案主的言语与非语言信息。

(2)三个人交换角色。

(3)进行讨论,讨论时可以参考以下议题:

①分别从案主、观察者、社工的角度来看:社工在什么时候运用了建议和注入希望技巧?

②分别从案主、观察者、社工的角度来看:社工运用这两个技巧恰当与否?

③分别从案主、观察者、社工的角度来看:社工是否注入了不切合实际的希望?

④分别从案主、观察者、社工的角度来看:案主是否在这样的面谈中得到肯定和支持?

⑤分别从案主、观察者、社工的角度来看:社工的建议是否提出得太早?

下篇 面谈过程篇

通常来说,个案工作可以分为接案期、预估期、介入期、计划实施期与结案期。当然,在实际工作中,划分可能不是这么明晰。但大致而言,个案工作的开展还是有其历程的。对这些历程作些具体的划分有助于我们学习与掌握其中的知识和技巧,不过最终的实践工作应该不拘泥于这些阶段的划分,而应以案主当时的情境与需要来确定介入的策略。

上篇的面谈技巧在下篇的面谈过程中是一种综合的运用,并且下篇的实验设计了较多的个案片断,有助于学员学习在动态的对话过程中把个案工作的价值观、知识与技巧融汇在一起。希望学员能跳出一个个的知识点,带入过程的视角,灵动地把握个案的进展,同时学习把自己放空,以努力做到以案主为本。

第六章
如何开始初次面谈
——初次面谈任务、关系增进因素、阻抗

初次面谈是个案工作开展的第一步，其成功与否直接影响到个案工作开展的可能性。在人际交往中，第一印象对双方关系的建立具有很重要的影响，而且一旦此印象形成，无论好坏，都不容易改变。所以，社工往往很注重第一次见面的预备，以便为后续的工作打下良好的基础。但初学者容易紧张，并可能因为急于要给案主留下好印象，而把握不好尺度，所以，本章将专门对初次面谈加以训练。

一、实验目的

通过本章的训练，帮助学员深化对面谈要素与相关知识、技巧的体认，如事先的预约、场所与时间的安排、语言与非语言信息的沟通、面谈程序等，并了解初次面谈中可能出现的问题，学习运用相应的面谈技巧去应对，以有步骤地引导面谈的进展，并适时结束会谈。本章将通过一些实训与案例模拟，帮助学员学习介绍自己、营造氛围、应对阻抗、引导话题的相关技巧，从而帮助初学者有效面对初次面谈的特殊情境，做到有备而来，以顺利地开展个案。

学完本章，学员将可以达成下列目标：

(1)知晓初次面谈前的各项准备工作，了解自我心理调适、布置会谈环境、预备访谈提纲与机构行政层面工作的要领。

(2)认识案主可能出现的阻抗反应，学习运用相应的应对措施。

(3)借着实训与角色扮演，体察个案面谈的特殊性，有步骤地展开话题，并适时结束面谈。

二、实验要求

在进行本章的训练之前,学员应先行掌握一定的人际沟通知识,了解心理学中的首因效应与人际吸引的影响因素,并知晓如何进行有效的信息沟通。由于本章是下篇的第一章,所以本章会呈现一次面谈的大致过程。学员应注意对面谈的结构、程序加以学习,并接受个案面谈一般技巧的相应训练。

在进入实验之前,参与实验的学员要在实验前做好面谈的心理准备,熟识扮演的角色,揣摩其心理活动,尤其是扮演社工角色的学员要先进行自我检视,做好充分的准备,以利于实验的顺利开展。

(1)实验时数:2 课时。

(2)实验设备:独立的面谈室、小教室、多媒体电子教学设备(或摄像机、电脑、投影仪)、移动椅子等。

(3)实验人员选择:根据本章实验内容部分的六个案例,挑选几组学员担任角色扮演者,让他们课前做好案例的准备工作,分担案主与社工的角色。

(4)实验前的准备工作:预备演示区域与旁观区域,二者有一定的间隔,以利于演示的学员在不受干扰的环境下进入角色扮演。教师可以先让其他学员了解案例中要思考的问题,帮助学员有目标地加以观察与思考。

三、实验要素

由于个案面谈往往是与陌生人交谈,所以社工宜把握个案面谈与一般人际沟通的差别,知晓个案面谈具有利他性、目标性、时限性、专业性等特点,并认识到初次面谈的特殊性。即它是接案过程的第一步,也是专业关系建立的第一步,同时也是个案开展的第一步。所以,社工要考虑到其中诸多的影响因素,体察到案主可能有的戒备、怀疑、试探、求助、无奈等心理,也尽可能先行了解案主的来源、个人信息,以努力把握好第一步,使个案迈向成功。

要做到这一点,社工重点要把握初次面谈中的一般行政任务、案主可能出现的阻抗反应、个案面谈的基本结构与程序，同时要学习以合宜的会谈方式去应对这些工作。

1. 重点概念

在进行实验前，我们要先把握初次面谈中的几个重点概念，即初次面谈任务、关系增进因素、阻抗。

(1)初次面谈任务。指第一次面谈中个案进展通常要达致的工作要求。一般而言，初次面谈是社工与案主从彼此陌生到逐步相熟的过程。社工要向案主介绍自己，澄清自己的专业角色，同时帮助案主完成自我介绍，并澄清案主的期待与角色。并且，还需介绍机构的相关政策与社会工作的专业伦理，以利于案主在知情的情况下加以选择。

此外，前来求助的案主开始时对个案的性质与面谈的内容可能没有清晰的概念，心里往往也是彷徨而迷茫的，需要社工提供相应的指引。同时，个案面谈以专业助人为旨归，有一定的结构性要求，社工需要在有限的时间内收集有效的信息，捕捉案主的核心议题，努力梳理出今后的工作方向。所以，初次面谈中，社工需适时地说明本次面谈的目的，以引导面谈的大致方向，帮助案主减少焦虑。

(2)关系增进因素。指社工自身所具备的一些具正向影响力的特质，最重要的是专业性、吸引力和可信任度；这些特质有助于案主对社工形成有吸引力、有能力及可信任的初步印象。其中，专业性指案主所感觉到的社工能胜任其助人工作的能力；吸引力指案主从社工身上感受到的人际吸引，如社工的友善、亲和、自我表露、与案主的契合，及对案主的接纳与喜欢，都令案主感受到吸引力；可信任度指案主从社工那里获取的信任程度，社工本身的信誉和所扮演的专业角色，及体现出的坦诚、开放，都有助于增强案主对他(她)的信任。

临床实证的研究证明，专业性、吸引力和可信任度是专业人员具备影响力的重要因素。初期，社工身体和人际的吸引力，以及其所具备的声誉、担当的角色和辅导的场所对个案的开展影响较大。但随着个案的深入，社工显现的专业知识与实务能力会逐步发挥日益重要的作用。而可信任度的重要性则贯穿始终。

(3)阻抗。是个案辅导中的伴生现象,其本质是案主对于辅导过程中自我暴露与自我变化的抵抗。所以阻抗可能是由于案主自身的原因,例如不愿否定自我、不敢面对挑战、逃避问题、不愿放弃既得利益,或以失调行为掩饰心中的矛盾,也可能是源于案主抵制辅导或抵制社工的心理动机。

其常见表现形式为:赘言与反复诉苦;要求社工提供解决问题的具体办法,回避社工的深入探索;态度不主动,常以沉默的方式回应社工;进行理论探讨或直接辩论,为自身行为辩护;把原因归于别人等。

2. 实验说明

以下的实验分为三个模块。第一模块主要训练学员把握与陌生人访谈的技巧,第二模块重点在于培养学员运用支持性语言与非语言信息营建良好氛围的能力,第三模块专门针对个案访谈中的阻抗现象而设计。基本每一模块都有一个经典的示例,以助于学员效法并思考。此外,还会有些与之相对比的案例,让学员反思问题所在。通过这种对比性的练习,可以帮助学员更深刻地体认初次面谈的任务与易呈现的问题。

(1)初次面谈任务训练。一般来说,初次面谈需要完成一些必要的行政告知与说明工作,如向案主说明保密原则,介绍机构服务宗旨与范围,界定自身的专业角色与身份等。同时也需要了解案主的一些必要信息,为接案工作的预估做准备。

本模块的训练在家庭作业区域安排了向陌生人访谈的训练,希望通过实际的操练帮助学员习得与陌生人交往的初步经验。而实验模块的第一个案例源自笔者曾看过的一篇报道,是一位美国 911 女接警员在某次凶杀案报案中的电话录音,当时印象非常深刻。后来设计这个案例让学员作相应的演绎,以训练他们与陌生人谈话以及在危机情境下如何准确而到位地完成相应的任务。并且,这次电话中要达成的任务也与社工在前期工作开展中要达成的任务有异曲同工之处。实验模块的第二部分是一个案例模拟,此案例只有大致的情节,需要学员根据情境自己去发展相应的面谈,以完成初次面谈的相应任务。此部分环节是开放性的,相信不同的学员切入视角会有所不同,如时间较宽裕,可以多安排几组学员尝试,以拓展学员的经验。

(2)关系增进因素训练。本模块是第一模块的递进,在初次面谈中,关系的建立是工作的重点之一。人际交往中的第一印象非常重要,有经验的辅导者对求助者的第一印象有相当高的准确率,而求助者对辅导者的第一印象形成后也很难改变。所以,社工要注意展示其自身的专业性与吸引力,通过场所的布置、自身的言行举止、真诚一致的态度,营造出安全而令人信赖的氛围,以在初期面谈中,打消案主的疑虑与猜忌,增进彼此之间的合作关系。

维吉尼亚·萨提亚是家庭治疗的大师,她的工作风格总是让人感觉温暖与放松。本模块便选取了她在初期与一个家庭面谈的片段。在这个案例中,维吉尼亚·萨提亚与该家庭的几个孩子是第一次见面,但她很快便获得了孩子们的认可。通过本案例的研习,学员们可以体认一下大师的魅力与独特的增进关系技巧。此外,本模块还选取了一个社工生对陌生人访谈的实例,期望通过现场的模拟,帮助学员体认初学者可能面临的情境及困惑与问题,还有初学者惯用的应对模式。通过两个案例的演示,学员可以领悟二者的差异,反思自己应当如何在短暂的时间里增进工作关系。

(3)阻抗训练。由家人或学校、法院等不同部门强制要求进行辅导的案主被称为非自愿的案主,例如由校方转介过来的问题学员,或劳教部门转介来的刑满释放人员,这样的案主容易对个案辅导产生对抗情绪。有时,辅导人员也可能被案主激起负面的情绪。所以社工首先要解除自身的戒备心理,省视内在的情绪体验,调整好自己的情绪;同时体现诚恳助人的态度,调动案主的主动性去积极化解阻抗。

本模块也设计了一个资深社工应对阻抗的案例和一个初学者面对非自愿案主阻抗情绪的案例。前者使用理解和同情的语调、幽默与精准的语言,引导案主消除戒备与抵抗情绪,逐步向社工开放自我。后者则由于社工生的经验不足,语言贸然、不得当,以致引起案主的不满情绪与不以为然的心理反应。希望通过二者的反差帮助学员认识处理案主的阻抗情绪之重要，并体察与反思面谈进展不顺背后可能存在的案主阻抗心理，从而为应对做好准备。

四、实验内容

实验模块一：

初次面谈任务训练

[案例1] 美国女警电话录音

请几位同学分别扮演相应的角色，学员们观摩完角色扮演后，可就以下问题对此案例加以分析、讨论：

1. 初次面谈有何任务？此案例中女警达致了哪些任务？

2. 女警是如何体察那个小女孩的处境，并帮助她的情绪稳定下来，从而完成自己的工作的？

2001年11月，亚利桑那大学中国留学人员杨建庆、陈玉云夫妇在当地家中遇害。那天深夜，杨建庆、陈玉云夫妇的6岁的小女儿醒来，走出二楼的卧室，突然看到父亲赤裸着上身，只穿着一条短裤，倒在底楼至二楼的楼梯上，身下一大片鲜血。孩子急忙拼命呼唤母亲，可是也没有回应，她根本想不到，母亲已经被杀死在底楼的厨房里了。极度恐惧的小女孩拨通了"911"电话报警。

接警员：您好，这里是"911"紧急中心。

孩子：阿姨，我家里出事了……（哭声）

接警员：告诉阿姨，发生什么事了？

孩子：……（哭声）

接警员：阿姨会帮助你的，平静一下。

孩子：……（哭声渐弱）

接警员：（迅速根据来电显示系统判断出大概方位）你是在A街

阳光小区吗？

孩子：是的。（抽泣声）

接警员：发生了什么事？

孩子：我看见他倒在楼梯上，流了很多血。

接警员：他是谁？你现在在哪里？

孩子：他是我爸爸，我在家里，很害怕。

接警员：不用怕，警察叔叔很快就会到你家去。你知道你家的门牌号吗？

孩子：我不知道。

接警员：那家里还有其他人吗？

孩子：妈妈本来在的，但我找不到她。

接警员：好。阿姨会一直和你在一起的，从你家窗外能看到什么建筑吗？

孩子：我家前面有个学校，爸爸……（哭声）死了。

接警员：他死了？

孩子：是的……（哭声）

接警员：警察叔叔已在去你家的路上了，很快就有人去帮助你的。

孩子：哦。

接警员：平时，还有人和你们一起住吗？

孩子：没有。爷爷奶奶在中国。

接警员：你最晚看到妈妈时，她在哪里？

孩子：她来我的房间里看我。

接警员：那你试着喊喊妈妈，看她会不会答应你。

孩子：妈妈，妈妈！

接警员：有人回答吗？

孩子：没有。

接警员：好，没关系，等下警察叔叔就会来了。

孩子：……

接警员：你几岁了？这么小就懂得打电话，真棒。

孩子:我6岁了,是妈妈教我打电话的。

接警员:你叫什么名字?

孩子:小丽。

接警员:你读书了吗?

孩子:我在读小学一年级。

接警员:在学校里,你喜欢什么课啊?

孩子:自然课。

接警员:那是很有趣的课,我儿子也很喜欢。

孩子:自然课老师会讲很多故事,还带我们到外面去。

接警员:那样的课是很棒啊。小丽,警察叔叔到了吗?

孩子:没有,不过好像有车子叫的声音。

接警员:那他们一会儿就到了,等下你能给他们开门吗?

孩子:好的。

接警员:别挂掉电话,等下开门后,再来告诉我,好吗?

女孩:好的。

(警察敲门,女孩开门)

接警员:现在警察叔叔和你在一起了。

女孩:是的。

接警员:那就让警察叔叔帮助你,你是一个能干的孩子。再见。

女孩:再见。

[案例2] 家庭社会工作服务

假设你是某间家庭服务机构的社工,接到社区一位母亲的咨询电话。这位母亲告诉你:她有一个读高二的儿子,沉迷于电脑。因明年就要高考,她心里着急,便管束孩子,而儿子就屡屡与母亲发生冲突,特别逆反。现在母子关系冷淡,母亲特别伤心,不知道该如何与儿子相处,所以寻求社工辅导。通过电话你们预约了下周一面谈。请两名学员根据以上信息,对案例加以演示,以学习如何进行初次面谈。

实验模块二:

关系增进因素训练

请选择两组学员事先熟悉以下两个案例,分别演示两次面谈。然后,请学员分享两次面谈的不同之处,并讨论营造气氛中要注意的事项及怎样的肢体接触是恰当的。

[案例1]　萨提亚初次面谈治疗实录①

治疗师——萨提亚,丈夫——凯西,妻子——玛吉,长女——苏茜,次女——贝蒂,三子——科比,最小的一对双胞胎女儿——露西、丽莎。

萨提亚(看着所有家庭成员):大家好,凯西、玛吉、露西、丽莎、科比、贝蒂……我记起来了!苏茜……哦,我漏了你。过来,选一把你喜欢的椅子,我们可以四处移动它。没有什么是固定的。(在家庭成员都坐下之后)顺便问一下,当坐下来吃饭的时候,你们是怎么坐的?怎样的情形?每个人的位置是怎么分配的?

玛吉:他坐在桌子一头,我坐在另一头。

萨提亚:爸爸在这头,妈妈在那头。那么,现在还有几个孩子。谁会坐在爸爸旁边?

科比:我和姐姐贝蒂。

萨提亚:嗯,所以你们会坐在桌子靠这边一些……然后……

玛吉:双胞胎中的一个会坐在这里。

萨提亚:哪一个?

玛吉:露西或者丽莎。

萨提亚:等一下,哪一个?

玛吉:露西和丽莎。

① 维吉尼亚·萨提亚等著:《萨提亚治疗实录》,世界图书出版公司2006年版,第8-14页。

萨提亚：露西和丽莎……一边一个？

玛吉：对，然后是苏茜。

萨提亚：嗯，这意味着你们每一个人都会挨着一个人。你们两个（奇怪地看着苏茜），你呢？你坐在哪里？

苏茜：嗯，我会挤在某个地方坐下。

萨提亚：你挤在某个地方！这有问题！（看着露西和丽莎）我想告诉你们一些事情，露西和丽莎。我有两个弟弟，他们比我小 18 个月。当我 18 个月大的时候，他们出生了。我的父母经常难以分辨出他们谁是谁。因此，我想你们两个帮我分清楚谁是谁。你们曾经遇到过这样的麻烦吗？你没有这个麻烦。你有这个麻烦吗？

凯西：我分不清楚他们。

萨提亚：你不能分清他们。那么你们可以做有趣的游戏。我的弟弟们过去曾经做过非常有趣的游戏。你们做过吗？

露西：我们在幼儿园的时候做过一次。

萨提亚：在幼儿园做过一次。

露西：我们在幼儿园里交换了班级，我不知道她都说过什么话，因此就被发现了。

萨提亚：好的，你们在幼儿园的时候做过这类游戏。我弟弟们过去总是做这样的事情。他们甚至在长大以后出去约会女朋友，还在做这样的事情。（大笑）这很正常，这些是人之常情。

凯西：谢谢。请您给她们一些主意吧。

萨提亚：喔，你看，我认为没有必要给她们出主意。

凯西：我也认为是这样。

萨提亚：今天，无论如何我希望能够做的事情是，当我想到你们的时候，能叫出你们的名字，而不是看着你们两个的方位。那么现在我们如何解决这件事情呢？

丽莎：你就读我们的名牌。

萨提亚：我会读你们的名牌，这会有帮助。好的，露西，你觉得怎么样？

露西：我无所谓。

萨提亚：好的。你们知道，这是我必须要做的事情，因为很容易把你们两个弄混。苏茜，你有这个麻烦吗？

苏茜：没有。

萨提亚：是否有些时候会犹豫，露西是丽莎，还是丽莎是露西？

苏茜：没有，我能区分她们。

萨提亚：你在这件事情上没有问题。

苏茜：是的，没有问题。

萨提亚：好的。但是爸爸不能区分她们。

苏茜：他叫她们宝贝。

萨提亚：宝贝，哦……

苏茜：他在楼下叫她们，然后……

萨提亚：贝蒂，你有这样的烦恼吗？

贝蒂：没有，只有她们让我非常愤怒的时候，我才会分不出她们。

萨提亚：当她们让你非常愤怒的时候，你无法区分她们。好，我知道你的意思了。你知道，无论何时，只要发怒，我们都很难分辨事物。嗯，我了解了。科比，你怎么样？

科比：哦，我不知道。我认得出她。

萨提亚：你认得出丽莎？

科比：是的，我可以相当准确地认出她。

萨提亚：那么，你可以相当准确地认出丽莎，而且你认为自己认不出露西，因此很容易将她们区分开，是这样吗？

科比：嗯，因为她以一种很有趣的方式微笑，而她不这样。

萨提亚：丽莎……

科比：她咧开嘴笑，而她抿着嘴笑。

萨提亚：这是很重要的线索。凯西，你可以使用这个线索。

科比：她笑的时候，会眯眼睛，而她不会。

萨提亚：总之，一个有微笑和眨眼，另外一个微笑幅度小，或者可以说是另外一种微笑。是这样吗？

科比：嗯！

萨提亚：嗯，很有趣。这个观察很仔细。你是如何……

科比：嗯，还有，很久以前，出了一个意外，我造成的……她的嘴唇上留下了一个疤，而她没有。

科比：我扔了一块瓦片。

萨提亚：你扔了一块瓦片？是你做的？是一个意外吗？

科比：有一点儿。

萨提亚：有一点儿。

科比：我非常生气。

萨提亚：所以丽萨在嘴唇上有个疤……有助于你分辨她们。我也有一个疤。7岁时，我在两匹马之间走，有两个人骑在上面，向我扔了一个饭碗，砸在了我的嘴唇上。现在这个疤已经很淡了。因此，我也有个疤。我没有双胞胎妹妹。

萨提亚：你非常生气。嗯，有时是会发生这样的事。（看着苏茜）科比有一个可以认出谁是丽萨、谁是露西的方法。我有些好奇，苏茜，你呢？你是如何区分她们的？

[案例2] 对陌生人访谈

社工生：我们参观已经结束了，时间还早，可不可以找一个地方和你聊一聊？

消防人员：好啊，我也很希望和你们大学生聊一聊，我们小时候没有好好学习，现在只好干这种体力活。呵呵，两个世界啊！

社工生：你不要这样说啊，行行出状元的。（路过光荣榜，用手指指）有没有你的名字啊？

消防人员：（骄傲地说）有啊，在这里，嘿嘿！上个月的。

社工生：（看了看光荣榜上他的信息）你的老家是安徽呀？今年22岁！哈，只比我大一岁啊！厉害，我21了，还不知道什么叫危险，远没有你的经历丰富多彩。你一定有许多不凡经历吧？好比电影里那种出生入死的主角。

消防人员：有一点儿吧，不过也是这两年才有的。以前是新兵，也就做做辅助工作什么的，其他干得也不多，多的是练习。现在不一样了，我们是老人了，样样冲在前，特别是这两年出事的人不少，现在越来越有点害怕了,每当在火场里总有点不安。

社工生:哈哈,其实也没有什么,保护措施应该是好的,一般也没有什么太多的生命危险吧!

消防人员:主要是你没有身临其境,感受不到那里的气氛,我想今年就退伍算了,这一行业真的太危险了,万一弄个毛病以后多麻烦。

社工生:嗯,我了解你的意思。不过现在你才 22 岁啊,到 25 岁再退也行的。我看你们队里环境什么的都是不错的,有电脑房、棋牌室、小型图书馆,每间房间还配有冬暖夏凉的空调,多好啊!

消防人员:条件是还可以。我每月现在还有 1 500 元的收入,在我们家乡来说,的确数目不小。不过这行危险,上个月又死了一个,很不安全的,我还是比较羡慕你啊。

实验模块三:

阻抗训练

下面是两个较相似的案例,请两组学员分别扮演学校社工与旷课学生、社工生与工读学校学生。在此过程中,请学员思考:案例中的学生表现出了什么现象?社工或社工生运用了何种技术化解这一问题?两位社工的处置有何差异?请举例说明。

[案例 1]　学校社工与缺勤学生

学校社工:你好,你叫什么名字?

田雅琴:田雅琴。

学校社工:请进,来这边坐一坐。

(入座)

学校社工:我姓张,是学校的社工,你可以叫我张老师。

田雅琴:哦。

学校社工:是班主任老师让你来这里的吗?

田雅琴：是。

学校社工：你的班主任老师相当关心你的状况，他希望能够为你提供一些帮助，所以联系了我们。

田雅琴：（沉默）

学校社工：突然被找到辅导室，你一定觉得莫名其妙。然后觉得学校老师好像很烦人，他们都会找你麻烦。

田雅琴：（沉默）

学校社工：其实学校辅导室主要是想提供一个学习的机会，看看能不能对你在学校的生活提供一些帮助。谈话的内容你可以自己决定，我也会为你保密，不会告诉别人。你愿意利用这段时间，和我谈谈吗？

田雅琴：没什么谈的，我又没有什么问题。

学校社工：被老师叫到辅导室，好像没什么好事。

田雅琴：是啊。

学校社工：怎么会有这样的感觉呢？

田雅琴：本来就是！

学校社工：无缘无故要跟一个不熟悉的老师谈话，还真不知道该从哪里说起。听班主任老师说，你最近出勤的情况不太好，是不是有什么事情呢？

田雅琴：没有啊。

学校社工：那你想你有什么事情让班主任老师担心？最近常迟到、缺课。

田雅琴：没有啊……讲这些没有用。

学校社工：老师感觉到你心里似乎在想很多事情，只是不愿意现在对我说。你其实心里也很怀疑，对老师谈这些到底对自己会有什么帮助？你对老师似乎还很难信任。要跟一个这样陌生的人谈话很难开口，而且需要很大的勇气。

田雅琴：嗯。

学校社工：我在想你一定是沉默是金的虔诚信徒，那要多听听你的声音还真不是件容易的事情。

田雅琴：(略笑了笑)不会啦。

学校社工：(笑)看到你笑就觉得松了一口气。我还以为你是一个大酷妹，要跟一个这样的酷妹讲话，我会觉得有点紧张。

田雅琴：(沉默地听着)

学校社工：既然我们已经见面了，我们可以让这段时间过得更有趣些。你可以自由地问一些问题，我也很希望了解你多一些。

田雅琴：随便。

学校社工：如果你也想了解我一些什么，你也可以问问我，你看好吗？

田雅琴：(抬起头，看着社工)好啊。

学校社工：那你要不要先问我些什么？

田雅琴：不知道问什么。

学校社工：等下想到什么，也可以再问我。那我想问问你，平时空余的时间，你都喜欢做些什么事情？

田雅琴：唔……其实也没做什么，要帮爸爸看店、算账。

学校社工：家里有店需要帮忙，那样会蛮累的，这样会不会影响到你的正常作息？

田雅琴：会啊，每天要看店会很累，早上就爬不起来。店里忙，只好请假。有的时候懒得请假就被记旷课。

学校社工：那你家里真的很需要你帮忙吗？

田雅琴：最近我妈身体不好，家里就我一个小孩，我不帮忙，谁帮忙呢？

学校社工：那你真是一个孝顺的孩子。

田雅琴：我又不是没事喜欢迟到、旷课。

学校社工：所以其实并不是自己愿意去旷课、逃课，实在是因为要帮爸爸的忙。那班主任老师常常提醒你，反而会烦，甚至有些委屈的感觉。

田雅琴：本来就是，一天到晚念念念。

学校社工：是啊，班主任老师虽然为了表示对你的关心，但是老是唠叨，的确很烦。那她知道你的情况吗？

田雅琴：不知道，不想跟她说，只会啰里啰嗦，找我的麻烦，找我去训话。讲来讲去就是那几句，耳朵都生茧啦。

[案例2] 面对非自愿案主的面谈

社工生：你好！

王小亮：你好！

社工生：我是A大学社会工作系的学生。

王小亮：哦，A大学的。社会工作是什么？

社工生：……这是一个新兴的职业，社工就是帮助人解决一些问题。

王小亮：解决问题？什么问题？

社工生：比如说你有什么烦恼啊，学习不好、不想上学啊，有什么坏习惯改不掉想改呀，等等。

王小亮：你管得还真多！

社工生：……(一分钟沉默)

社工生：(重新振作)我是A大学社会工作系大二的学生，我叫王成庆，你叫我王哥或小王都可以。

王小亮：哦。

社工生：能告诉我你的名字吗？我希望我们之间能有所了解，这是一个开始。

王小亮：我叫王小亮，是B中学初二的学生。

社工生：那我叫你小王，可以吗？

王小亮：嗯。

社工生：小王，你好像不是很愿意和我谈，是吗？

王小亮：是老师让我来的。

社工生：如果老师没让你来，那你现在会干吗？

王小亮：自修。

社工生：你喜欢自修吗？

王小亮：(摇头)

社工生：如果因为老师强迫你来和我谈而不高兴，那我向你道歉，对不起。

王小亮：咦？

社工生：既然你不喜欢自修，那我们聊一聊总可以吧，就当作是闲聊。如果你觉得你和我谈很没意思，你不想再和我谈，那你在这次谈话结束后可以和我说，我可以对你的老师说我想换案主，你的老师不会怪你，但在这之前能否让我们好好谈谈？

王小亮：好的（端正了坐姿）。

社工生：你不要那么紧张，放松一些，我先声明一点，那就是我们之间的谈话我不会告诉任何人，我这次的记录本里也不会用你的名字，我的老师不知道你是谁，你的老师不知道你说了什么，我们的老师之间互不认识，因此，我们之间讲的话是绝对保密的，这点你可以放心，这也是社工的保密性原则。

王小亮：真的吗？李老师不会知道？

社工生：当然，他问我我也不会告诉他。

王小亮：哦。

社工生：你似乎还不太相信。

王小亮：人前说一套，人后说一套，这不是你们大人常用的手段吗？

社工生：大人们也是因为有特别需要才说假话，没有人会平白无故就喜欢说假话的；而人前一套、人后一套更是高级技巧，不会轻易使用的。更何况，我也不算是大人呀，我才大二，还靠父母亲供养，是个学生，和你一样的。

王小亮：咦？

社工生：你不要把我当老师看，我不是老师，不会管你，也不会强迫你。你愿意和我说就说，你不愿意告诉我的话我也不会强迫你，请你相信我。

王小亮：嗯（肯定地）。

社工生：谢谢你。

王小亮：谢我？

社工生：谢谢你相信我，我想我们可以订一个目标共同努力，在订目标前,我需要对你有更深的了解,我想先问你几个问题,可以吗?

王小亮:嗯。

社工生:你是什么时候进这所中学的?

王小亮:初二。

社工生:初二?你现在是初二吧?

王小亮:嗯。

社工生:也就是说,你是去年9月份进来的?

王小亮:嗯。

社工生:你是由于什么原因进来的?

王小亮:他们让我进来我就进来了嘛。

社工生:他们是谁?

王小亮:就是他们嘛!

社工生:你指的是你的父母吗?

王小亮:不是。

社工生:那是你的老师?

王小亮:嗯。

社工生:是现在的老师还是原校的老师?

王小亮:都是。

社工生:他们为什么让你进来读书?

王小亮:为什么?让我进来就进来,我怎么知道。

社工生:看来,你不愿意谈这个问题。那……他们对你说要你进来的理由是什么?

王小亮:嗯,学习不好。

社工生:学习不好?还有其他理由吗?

王小亮:嗯……上课睡觉,顶撞老师,不写作业……

社工生:还有吗?

王小亮:没有了。

社工生:没有了?

王小亮:嗯。

社工生:那我真的感到很困惑,学习成绩不好、不认真学习的学生是很多的，这似乎不是你进这个学校的有效理由，还有其他的原因吗？

王小亮：我偷东西（小声地）。

五、分析与评估

本章主要帮助学员把握面谈的大致程序，尤其是了解初次面谈中需要开展的自我介绍、服务宗旨与领域及专业伦理守则等行政工作，学习如何开始面谈。同时，了解初次面谈的特殊性，应对不同来源案主可能出现的阻抗现象、犹疑心理，学习运用三个主要的关系增进要素，有效应对初次面谈的挑战与问题，以顺利地完成初次面谈的信息收集、关系建立与初步介入等任务。

实验模块一：

初次面谈任务训练

本次实验的三个模块各有侧重，实验模块一是针对初次面谈任务训练而设的。在分析本模块两个案例的时候，学员们要注意围绕自我介绍与保密原则的解释、辅导范围的告知等行政工作澄清与否及其程度加以辨识。而具体面谈任务方面，学员可关注如下几个主题目标：

(1)是否弄清访谈对象的问题，明确其求助目的。

(2)有否收集并及时整理临床资料（通过提问、澄清、积极反馈等技巧）。

(3)对访谈对象的问题有否形成相对确定的评估，并能学习不断调整与归纳。

学员可以以1～5分对案例加以评估，分值越高，代表工作员对以上三点信息的收集处置越到位。接着分组交流案例中相关内容的技巧把握与运用。下面我们可以结合女接警员的案例加以分析，以供学员作交流时的参考。

案例1展示了一位出色而机警的工作人员如何既专业又充满关爱地在短暂的时间里完成了任务。本案例是一个突发的危机事件，涉案的人员是一个6岁的小女孩，正处于孤立无援的危险境地。在此案例中，评估当事人的处境、获取突发事件的准确地址以确定案情，并及时保护报案人的人身安全等，都是接警员此刻要完成的任务。

这名接警员有娴熟的沟通能力，通过简要的指示、清晰的说明与安慰鼓励的话语，很快帮助处于极度惊恐状态的小女孩逐步平静下来，完成相应的指示，甚至还能谈起自然课的有趣活动，显示其情绪已经进入一个较平稳的状态。同时，接警员也完成信息的获取与资源的链接，直至人性化地完成转接工作，使女孩逐步放松下来，处事能力也得以恢复与提升，这都得益于接警员同理的态度和肯定的语言，从而在交谈中营造出温暖与支持的氛围。

在真实的案例中，女接警员更显示了高度的同理心与灵活性。在整个通话的过程中，她既考虑到女孩独处可能面对的危险，也体会到女孩在深夜凶杀情境中的孤立无援与恐惧，所以让女孩不要挂断电话，随后也告知救援人员马上要到，直至确认警察与孩子在一起，最终把孩子转交给警官。

学生的演绎相形有所欠缺，并且文化背景也存在一些差异。而那名美国女接警员则处处体现出同理心之设身处地的实质，及随时随地评估情境的灵活性，其背后则是高度的责任心与人性关怀，这种价值观才是技巧得以成功运用的灵魂所在。

实验模块二：

关系增进因素训练

在本模块的角色扮演中，参与的学员较多，分析与评估时，可以分两个方面加以思考：一方面是扮演者的自我反思与评估；另一方面是学员的分析与评估。自我反思与评估方面，学员可以就以下问题思考：

(1)社工如何打开话题？

(2)社工的言语、姿势与距离的把握如何？

(3)社工如何进入案主系统？其介入时间恰当与否？

(4)社工有否进行自我表白？此表白对二者关系的推进有何效用？

(5)案主的哪些反应显示其对社工的信赖在增加或递减？

(6)面谈中有无形成安全、接纳性的氛围？如有，体现在何处？

以维吉尼亚·萨提亚的案例为例，从最开始，萨提亚通过让家庭成员随意坐自己喜欢的位置，就营造了一种友善而轻松的氛围。接着，她相继从家庭成员内部生活的座位场景入手，以了解家庭内部的沟通信息，从而逐步了解每个个体在家庭中的角色及其与家庭成员间的互动模式，在不经意间获取信息，并形成判断。在与双胞胎的谈话中，她适时加以自我表白，用幽默的方式与笑声增进和家庭成员的关系，同时萨提亚女士的关注与凝视、位置与身体的变化、不带指责语气的再构案主的话语等，都有助于人际关系的融洽，也有效地帮助家庭成员增进了彼此的了解，改善了他们的沟通与表达方式，从而随时随地地深化着治疗效果。

面谈到此阶段，萨提亚开始与一些家庭成员建立关系，使每个成员个体化，通过接纳、幽默营造了轻松的治疗气氛，目的是使每个家庭成员都感到安全和得到信任。她仔细地倾听每一个人的话语，因此有助于他们发展积极的自我价值感。

作为家庭治疗的一派宗师，萨提亚女士的个人魅力是独到的，她的言语与肢体行动总是那么自然，而没有任何的预设，但其后又有高度的结构性，有其稳定的理念与价值观。其实，人际关系是非常微妙的，在初次的面谈中，其微妙性与建构性应受到充分的重视。萨提亚女士认为专业人员的自我是有利的武器，每一名辅导者都需要学习运用专业自我去营建良好的助人关系。所以，不断地完善自我，使自己成为独特、丰富而有吸引力的个体，是社工要谨记并致力的目标。

与之相比，社工生对消防人员透露的关于职业危险性的担忧始终以忽略的态度对待。由于年龄与阅历的缺乏,社工生往往对案主的不同人生体验缺乏感知,或者有所感知,也不知如何应对。有时也担心卷入负面情绪的谈话,希望回避此话题,或者急于帮助案主改善情绪、调整心态。案主因此会有不被接受或理解之感,引发不出共鸣,逐渐失去进一步沟通或深入下去的意愿。

实验模块三:

阻抗训练

阻抗是辅导初期备受关注的议题,尤其是非自愿的案主,在初次面谈中几乎都会存在不同程度的阻抗反应。在本模块的两个案例中,学员可以围绕以下问题加以分析与评估:

(1)案例中的案主哪些行为是阻抗的表现?

(2)社工运用了何种技巧化解这一问题?可举例加以说明。

(3)从案主的哪些话语或行为中可以看到社工的影响?

(4)这些影响对个案的进展有何意义或启迪?

以前面一个案例为例,案主田雅琴开始的沉默与"不知道"的回答是其阻抗行为的外显,而社工自始至终关注她的情绪状态,特别用幽默的方法来营造氛围;同时应用了立即性、鼓励支持、同理、自我表露、开放性提问、质疑等技巧来化解。举例如下:

(1)以"立即性技术"来解释阻抗产生的原因:"你是不是愿意对我说,你自己还在怀疑,对老师说了些什么以后,老师真的对你会有些什么帮助吗?"①

(2)以幽默打破僵局:"我还以为你是一个大酷妹。"

(3)以自我表露表示真诚:"你要了解我一些什么,你也可以问。"

(4)以支持性语言表示鼓励:"你真是个孝顺的好孩子。"

---

① "立即性"技术用于处理辅导者与案主此时此刻的想法和感觉,以立即、真诚的沟通方式调整彼此的角色与互动关系,有助于提高工作效率,巩固合作关系,并引发当事人的自我探索。

从田雅琴的浅笑与对家庭的描述可以看出她对社工已消除戒备，并有了一定的信任与好感，所以才愿意向社工说明自己的处境与问题，从而使得面谈有了实质性的进展，问题的真实情况才得以突显。

王小亮的案例中，社工生显得稚嫩些，但其诚恳、平等、尊重的态度，还是有助于化解案主的戒备心理，一定程度上赢得了王小亮的信任。但该社工生仍显得主导性过强，较多站在自己工作的立场，缺乏对案主设身处地的理解与人性层面的连接。如说："谢谢你相信我，我想我们可以订一个目标共同努力，在订目标前，我需要对你有更深的了解，我想先问你几个问题，可以吗？"之后便是对案主一连串的追问，这较易激起案主的防御与反感。

六、课后练习

1. 请学员们课后采访10个陌生对象，要求对话15分钟以上，事后完成摘要记录，并就其中较满意或印象深刻的一段录像，于下次课程带来与学员分组交流。(注意脸部表情、眼神接触、身体姿势、语速和语调等信息)

2. 如果你与案主是不同的年龄、性别和身份，你认为可以进入他(她)的主观世界吗？如果他(她)说："我认为你不可能了解我现在的感受。你比我年轻很多，又是大学生，你的路是一帆风顺的，不需要像我这样总是为一家人的三顿饭担忧，你从来没有像我那样感到过无奈。你和我相差太远，因此你不会了解我每天都要忍受什么样的痛苦。"你将对此做出什么反应？你认为自己应该在多大程度上和案主有相似的经历才能了解他(她)的世界？如果你感到他(她)以上的观点是对的，你将说什么、做什么？

第七章

如何建立专业关系

——助长性的情境、移情和反移情、工作同盟

良好的专业关系是个案工作得以顺利开展的基础，也是个案辅导的重要手段和中介。因为个案工作是一对一的辅导，彼此信任、相互协作的关系，有利于社工充分运用专业自我，通过与案主的交互作用来协助案主增进应对社会生活的能力，从而解决其问题。所以，在前期的个案辅导中，社工要把建立专业关系作为面谈的首要任务。

一、实验目的

通过课程实践帮助学员了解专业关系中的要素，如同感、真诚和一致性、积极关注、接纳与期望、承诺与责任等，学习运用这些要素去营建正向、互动良好的信任与协作关系。同时帮助学习体察专业关系中的人际互动与内在心理变化，从而加深对自我的认知，并尝试面对不同的挑战情境，以利于今后在面对挑战时，学习运用适合的应对技巧，提升营建关系的能力。

学完本章，你将可以达成下列目标：

(1)通过角色扮演，学习运用同理心、真诚、积极关注等技术去营造助长性的情境，促进工作同盟的达成。

(2)借着案例的讨论和一组练习，帮助学员觉察与体认可能影响专业关系的移情与反移情因素。

二、实验要求

本章内容是初次面谈实验的延续，学员除了解一般人际沟通的

知识与技巧外,还应更深入地体察人际关系中的微妙因素。故在本实验前,须对个体的心理需求有所了解,尤其是涉及爱与归属需要的依附理论需先行把握,同时宜学习有关个体社会化的知识,如艾里克森的八阶段发展任务、皮亚杰的认知发展理论等。此外,还须掌握专业关系的特质与建立专业关系的专门技巧,以备于有效地开展相关实验。

(1)实验时数:3 课时。

(2)实验设备:独立的面谈室、小教室、多媒体电子教学设备(或摄像机、电脑、投影仪)、移动椅子。

(3)实验人员选择:根据学员的意愿,挑选合适的学员担任角色扮演者,让他们课前做好案例的准备工作,分担案主与社工的角色。

(4)实验前的准备工作:预备安静与轻松的环境,帮助角色扮演的学员进入情境,让其他学员预备纸笔,注意倾听与记录。

三、实验要素

社会工作中的专业关系本身也是一种人际关系,但与一般人际关系不同的是:社会工作的专业关系是利他的,即以案主利益为上,而一般人际关系往往是互惠的。此外,一般人际关系也是随意而无明确目标的,但社会工作的专业关系却以经由和案主的沟通达致一些共同目标为旨归。在这种专业关系中,社工与案主会建立比一般人际关系更为深刻的联系与交互影响,因而也面临更多挑战与冲突,不仅对于案主而言如此,对社工而言也是这样。

所以,这种专业关系的建立需要较强的沟通技巧与较高的专业素质,以应对双方人际互动中可能出现的移情与反移情现象,并运用有效的建立关系技术去努力营建助长性的情境,从而尽可能维护案主的利益,促进其成长。

1. 重点概念

下面,我们将结合社会工作专业关系的特点,介绍三个重要概念,即助长性的情境、移情和反移情、工作同盟。

(1)助长性的情境。指一种经由社工努力营造的令案主感到接纳与尊重的安全氛围,这种氛围有助于案主放下防卫,袒露心扉,并对案主的心理和情绪能起正向的支持作用。助长性的情境是良好专业关系的重要指标,如社工在与案主的互动中,能营造这种温暖与接纳的氛围,其专业关系的建立往往是成功的。所以,助长性的情境可以说是良好专业关系具体努力的目标。

为达到此具体目标,社工要学习运用同理心、积极关注和真诚一致的技术。特别是同理心,当社工能真诚而恰当地表达同理时,案主感受到被理解与接纳,将会有效地推动双方关系的进展。而真诚一致则是任何人际关系中最基本的东西,没有它便难以建立信任感,从而使人际关系失去依凭。积极关注是人际互动中非常有效的技术,能向案主传递关怀与支持。由于这些技术上篇已有所介绍,本章将训练学员如何在个案的进展中综合运用这些技术以达致关系营建的目的。

(2)移情和反移情。移情是指案主对社工产生的一种非现实性的情绪感受与反应,即把早年对某特定人,如父母的感受或反应投射到社工身上。反移情则相反,是社工对案主的反向投射。二者往往与当事人原生家庭的未完成事件有关,但是在治疗关系中会如同真实情况般地再次被引发出来。

每个个体在成长的过程中都会有心理伤痕。在个案辅导这一特殊情境中,案主早年压抑的情绪感受较易释放出来。这种情绪强度增加时,无论社工是男是女,由于个体关系的接近和社工同理的态度,案主较易产生移情。对社工而言也是如此,深度面谈如同一场心灵的洗礼,社工自身的内在情绪也较易因情绪的相似或面临的挑战与困扰而被激发。这种移情和反移情对案主与社工而言都是一次成长的机会,但如果不能妥善处理则会导致专业关系的破坏或辅导的停滞。社工需要自我觉察并帮助案主觉察自己非理性的情绪反应,使用立即性①的技术来帮助自己或案主,辨识与澄清这些感受与

① 立即性指辅导者在与案主的互动过程中,觉察到专业关系的变化,采取即时、直接、开放的方式与案主探讨,或提醒案主注意“此时此刻”的经验和感受。

反应。

(3)工作同盟。良好专业关系建立的标志往往是社工与案主达成工作同盟,这种工作同盟既包含经社工与案主沟通、商讨而形成的关于目标与任务的服务协议,也包含社工与案主之间缔结了情感上的联结,建立了一定的信任关系。工作同盟大致可分为三种:案主—治疗者结合的同盟、增进案主自我了解的同盟、案主合作的同盟。

工作同盟需要在服务初期建立,其达成与否与服务效果存在紧密的关联性。此过程中,社工需要重点了解不同年龄、不同职业与不同文化背景之人士的不同需求,综合相关知识与技巧来因应其需要。此外,社工需要谨记这种同盟意味着责任与承诺,也许目前或者今后面临的挑战很大,但仍决定坚持在案主身边,与他(她)共同面对。这种坚持不放弃的信念甚至比许多专业技术更有力,在困局中最终产生改变与影响。

2. 实验说明

针对专业关系建立的三个重点概念,本章配备有三方面的实验内容。第一模块为助长性情境营建的相关技巧之运用,第二模块为移情和反移情的情境设计与应对技巧,第三模块则训练学员与不同对象建立工作同盟的能力。教师可以根据学员培养目标与发展方向,有针对性地侧重某些模块的训练。

(1)助长性情境的营建。初学者在专业关系的建立过程中,往往易犯急于求成的毛病,同理心不够,倾听案主的同时,不能潜心地站在案主角度思考,而容易很快给出建议。同时,他们对助长性情境的重要性认识也不够,缺乏耐心,也常常缺乏灵活变通地运用相关技巧去面对挑战的能力。

本模块的训练将设计两组案例,一组展示出社工过于急切的心态,只关注于改变案主,以致阻碍案主情绪的表达,未能成功营建助长性情境。另一组展示出社工较关注案主的情绪与感受,能运用同理心、积极关注与自我表露等技巧,努力营建良好的支持情境。教师可以让学员现场演示,以形象化地展示面谈的进程,让学员们分组讨论角色扮演中的情境之营建问题,并可比较二者的区别。

(2)移情和反移情的处置。移情和反移情可以是单一的,即只是案主或社工单方面对对方产生的情绪感受和反应;但也可能是二者交互的,事实上也常常是相伴在一起的。比如,经过一段时间的辅导后,案主对社工形成依赖,潜意识中把社工视如一直渴望的父亲,因而对社工不偏袒的中立态度产生情绪反应。这时,社工可能产生的反移情反应包括挫折、生气和失败感。

本模块将设计几个较常见的情境:如案主一再以种种社交聚会的名义,邀请社工参加;也有社工在个案辅导的过程中,对案主产生反移情的案例。最后是一个社工处理案主移情反应的阶段性对话。由于在个案辅导的过程中,社工与案主交流的是个体生命中最真挚而深重的议题,移情与反移情的现象较易出现。这种微妙的关系有时不易被觉察,通过以上一些常见情境的演练,可以帮助学员审视这个问题,并训练一定的应对技巧与策略。

(3)工作同盟的达成。工作同盟的达成意味着社工和案主在理性与感性两个层面的彼此认同。有的学者把工作同盟和依附理论结合起来分析,因为后者对工作同盟的建立有着较大的影响。Mallinckrodt、Gantt和Coble(1995)设计了《案主对治疗者依附行为量表》(CATS),发现安全依附型的案主与治疗师之间有正向的工作同盟,垄断型的案主较易形成工作同盟的连续,而非达成治疗期目标和行动的协议,逃避型的案主与治疗师之间的工作同盟最贫乏。可见,工作同盟的建立与案主本身的人格特质及文化背景等因素有重要关系。

因此本模块的实验将着重于培养学员应对不同文化背景、不同年龄阶段、不同职业之案主的能力。尤其是对于那些先前有不健康依附形态的案主,或者有性虐待史和害怕被遗弃的案主,要特别注意与其建立建设性的工作同盟的方式。此外,性别、年龄的问题也是需要考虑的视角。由于本模块的内容涉及的文化背景差异很大,加之学员个人的年龄与经历有限,故鼓励多作些团体的探讨与分享,以拓展每个人的经验与知识。

四、实验内容

实验模块一：

助长性情境训练

案例1和案例2是同一个案例的两种不同处置方式，请两组学员分别根据以下对话作模拟，其余学员旁观并记录，根据实验评估中实验模块一的评估量表，分析两位社工在营建助长性情境时，运用的技巧如何。

［案例1］　对失恋女生的辅导(A)

社工：你感觉现在的生活与以前的生活有什么区别吗？

方小红：感觉啊？就是感觉少了点什么，心里有些空吧。

社工：那你在没有男朋友以前呢？有没有这种感觉？

方小红：那时候啊？还好吧。好像是没有这样。那时候有很多很好的朋友，大家在一起闹，没什么感觉……

社工：那你有没发现自己的某些改变呢？

方小红：嗯？

社工：就是说比如讨厌待在寝室之类的？

方小红：哦……

（沉默片刻）

方小红：刚分手的时候，老去以前我们走过的地方，不小心就到了，现在好了。嗯……还有就是晚上自习在教室里也待不下去了，不敢自己走夜路，老感觉害怕，别的好像没有了吧。

社工：你不敢自己走夜路，你害怕的是什么啊？

方小红：我也不知道，反正就是害怕。其实我也不知道害怕什么，就想身边有个人保护我，我感觉自己大概对他有种依赖吧。

社工：依赖感哪，那你以前的男朋友对你很好啦。

方小红：应该是吧，他人蛮好的。

社工：那你们怎么会分手呢？

方小红：（沉默）

社工：你可以不说的，对不起。

方小红：也不是，算了。实在是他太喜欢上网了，这让我很讨厌，劝也劝不了……

社工：有时候作决定是件很痛苦的事情，但对的事情就要有勇气去做，对吧？

方小红：嗯，也没办法的。

社工：嗯，那你只是对你以前的男朋友有依赖感吗？

方小红：现在感觉对我哥也有依赖了，有什么不开心的都想跟他说，我感觉自己太弱了。

社工：其实很多时候有了依赖就习惯了，相信你可以更自信的。

方小红：希望可以。

社工：你应该想到自己的能力啊，你自己一个人在这时能很好地照顾自己，父母会很安心的。

方小红：哦……

社工：那我们讨论一下以后的计划好吗？

方小红：嗯。

社工：你下周呢，每天早上对着镜子说"我很漂亮"，然后把自己的心情记录下来，晚上自习休息时，可以在空旷的地方喊"我可以"，时常鼓励自己。

方小红：这样会不会很傻？

社工：嗯，你可以对自己说，但一定要发出声，至少要像现在跟我说话一样。

方小红：好吧。

社工：这次我们谈了一些你的感受，相信你会更自信，下次我们再看看你的变化。

方小红：哦。

[案例 2] 对失恋女生的辅导(B)

社工:和男朋友分手,心里一定很失落吧?

方小红:是啊,就是感觉少了点什么,心里有些空落落的。

社工:我也有过失恋的经历,那时就感觉很亲近的一个人现在从自己的生活中消失了,一下子很难适应。

方小红:刚分手的时候,老去以前我们走过的地方,不小心就走到那里了……一个人的时候老想到过去的事,有时候觉得他还是蛮好的,有时候又很气他,就会在 MSN 上留言给他。但其实我们都知道已经不可能了……(哭泣)

社工:(给方小红递张纸巾,并轻拍她的肩膀,等待她情绪平静下来)

方小红:可能以前太习惯了两个人在一起吧。大一下学期,我们就谈恋爱了,总是两个人一起吃饭,一起上晚自习。现在晚自习也不去上了,一个人不敢在黑暗里走,老感觉害怕。

社工:哦,一个人是挺孤单的。

方小红:其实我也不知道害怕什么,就想身边有个人保护我,我感觉自己大概对他有种依赖吧。

社工:嗯,我理解。

方小红:他人其实蛮好的,就是太喜欢上网了,这让我很讨厌,我们老为这吵,我也劝不了他,只有分手了……

社工:作决定有时也是件痛苦的事,你也是考虑了很久吧?

方小红:是啊,老是为这吵,也不是办法,我也改变不了他。

社工:听起来,你已经决定分手,但心里还是放不下。

方小红:是啊,有时候会想可能再也找不到对我这么好的人了。除了迷恋网络,他平时对我还是很照顾的。我的手天冷时就很凉,他总是帮我捂手……

社工:所以,你心里还是挺矛盾的。

方小红:以前也有两次分手,但后来又好了。这次,我们是彻底谈了一晚上,他也不能改变自己的生活方式,我也受不了男朋友成天玩电脑,不务正业。而且,我们的性格、爱好、生活目标也太不一样了。

社工:是吗?你希望的生活方式是怎样的呢?

方小红:我家庭的观念是很传统的,爸爸妈妈培育我这么多年,我一直是他们的骄傲,他们不会接受一个平庸而不思上进、沉迷电脑的男孩……

实验模块二:

移情和反移情训练

本模块由一个练习和一个案例组成。练习提供了几个情节,以帮助学员辨析移情和反移情可能出现的情形,并学习体察人际之间的微妙关系;案例通过社工与案主的具体对话与情境模拟,加深学员对社工与案主间移情与反移情时心理与情绪反应的动态了解,并通过示范性案例培养学员相应的应对能力。

[练习]

请学员仔细阅读以下情节,分析其中可能存在的移情和反移情现象,用简要的话加以概括、说明。

(1)你的一位案主邀请你参加他的生日派对,并告诉你:对于他来说,你很重要。

(2)案主属于你较欣赏的异性类型,经过几周的面谈后,你发觉自己在面谈结束后,仍常常想到案主的一些言语与神情。

(3)你理智上知道某位案主应该结案了,但想到要结束这段工作关系,你很难过,感到怅然若失,所以你迟迟未能确定结案日期。

(4)你正在带领一个偏差行为青少年团体,在某次谈论与家长的相处时,一位组员曾情绪激烈地控诉父母对他不尊重,无视他的存在。后来,当你中立地引导大家思考沟通中的问题时,该组员抱怨你忽略他的意见,不尊重他。

[案例] 当案主“喜欢”上了社工

请一组学员现场作角色扮演，其余学员可观看并记录社工和案主的移情与反移情现象。角色扮演结束后，可自由交流对移情的体认与分析。

丝琴（低着头，欲言又止）：可不可以……请你帮个忙？

社工：有什么事吗？

丝琴（有些不好意思，小心翼翼地）：我们单位和A慈善基金会合作举办一个慈善义卖活动，能不能请你也来捧捧我们的场？

社工（认真地思考了一下）：嗯，丝琴，谢谢你的邀请。我想我们现在的关系使得我能更好地帮助我，如果我们关系更近了，就会妨碍彼此客观地看待问题。

丝琴（有点失望）：有那么严重吗？只是作为朋友么，你还可以邀请你其他朋友一起来的。

社工：辅导关系其实也是一种工作关系，如果我们在工作之外还有交往，很容易在这种专业的关系中加入一些私人的成分，影响辅导的开展。

丝琴：那等辅导结束以后可以邀请你来参加一些类似的活动吗？

社工：丝琴，为什么你要邀请我参加这些活动呢？

丝琴（羞涩）：这个……我觉得你这个人很不错，懂得别人的心，讲话也很有哲理，又有分寸。

社工（开玩笑）：谢谢你不吝辞令，给了我这么多的好评。但这只是我在工作中呈现的一面。

丝琴：我相信你在工作以外也一样是个很有涵养的人。说实话，我也不知为什么，每周都很期待来这儿辅导，听到你的声音就觉得特别亲切，让人有安全感，回去之后还老想到你说的话。

社工：我并不如你想象的那么好。基于工作关系，我会努力去关注当事人的感受与反应，也许这让你产生一种错觉。如果你对我有好感的话，那可能是这种错觉产生的影响。不过，我也真的很关心你的问题，希望能够帮到你。我想单纯的专业关系才有利于助人工作的开展，如果夹杂其他私人关系，就难以保持冷静客观了。并且，我们的行业也规定不能与被辅导者发展工作关系以外的关系。所以，请你谅解，我还是要拒绝你的邀请。

丝琴：是不是你觉得我太自作多情？像你这样优秀的男人应该也有许多喜欢你的女孩子。看来我让你见笑了。这是我第一次主动约男生，以前有许多男生追求我，我却不太看得上人家，没给别人一点机会。看来，今天要轮到我尝尝受拒绝的滋味了。

社工：哦，不。丝琴，你是一个很好的女孩。辅导至今，我看到你在家中出了这么大的事情的情况下，还努力把上司交待的那项很有挑战性的任务完成得非常出色，这说明你是一个很负责任也很有勇气的女孩。一路走来，主要是你自己的努力，因为你始终坚持你的信念。相信你前面的人生会很精彩，也会遇到很多好男生。这不是推诿之辞，我只是在你这段特殊时期，倾听并陪伴你度过一段对你来说不容易的日子。等你过了这个阶段，你会更平静地看待这段时光。

丝琴：谢谢你的鼓励，我知道你是好意。我会好好考虑一下你刚才说的话，也许你说的也有道理。可能我也是特殊时期对你的一种依恋，或者只是一种好感而已。

社工：更清楚自己的需要，厘清自己的方向，是你开始便提出的期待之一，也是我们下阶段共同认定的辅导方向。我们目前的关系最有利于一起来致力于这个目标，这也是一个非常有意义的话题。

丝琴：发生这么多事，也让我想明白许多。有一段时间腾出来好好梳理一下困扰自己的问题，也是难得的经历。

社工：这也是因为你能化困难为人生的动力，说明你是一个很有想法的女孩。从你身上，我也学习到许多，真的。

实验模块三：

工作同盟训练

请学员随机抽选不同案主，以三人一组的方式进行角色扮演。其中，一人扮演社工，一人扮演案主，另一人则担任观察员。扮演案主的学员可以根据抽取的身份，和社工分享一个你所关心的主题，社工需要充分考虑案主的背景与需要，运用建立专业关系的相关技巧，去促进工作同盟的建立。另外一名学员作为观察员观察二者的互动，并加以记录与回馈。每一个角色扮演可以持续约10～15分钟，然后互换角色，让每一个人都有机会扮演这三种角色。

最后，可以请学员分组报告：你作为社工，服务于下列各种不同的案主，在建立工作同盟时，有可能遇到什么困难？又有什么应对策略？

(1)儿童；

(2)同龄男性；

(3)同龄女性；

(4)老人；

(5)残障人士；

(6)有犯罪史者；

(7)同性恋者或变性恋者；

(8)外籍人士。

五、分析与评估

本章主要帮助学员把握专业关系中的三个要素，即同理心、真诚一致和积极关注的助长性情境、移情和反移情与工作同盟。这些要素不仅在建立专业关系方面非常重要，对整个辅导过程和辅导效果都起着有效的推动作用。虽然本章把它们单列出来分析，但其实它们是彼此关联和相互影响的。只有几方面共同关注，有效运用，才可能真正建立良好的专业关系。以下，我们对上述的一些案例与练习加以分析，并设立相关的评估指标，以利于学员的分析与把握。

实验模块一：

助长性情境训练

学员可以根据同理心、真诚一致、积极关注三方面的表现，分别对两位社工技巧运用情况给以1～4分的评分。其中:1分代表一点点是,2分为偶尔是,3分为大部分是,4分为几乎总是。

同理心:

1. 社工是否使用口语反应表达出想要了解案主的欲望?

2. 社工是否反映出案主隐喻的或隐藏的信息?

3. 社工是否指出案主的感受?

4. 社工是否讨论对案主而言重要的事?

5. 社工是否能配合案主的非口语行为?

6. 社工是否能了解案主的历史、文化、种族背景?

7. 社工是否使用反应来确认案主的经验?

真诚一致:

1. 社工是否避免过于强调他(她)的角色位置和地位?

2. 社工是否表达出感受、用词、非口语行为和行动之间的一致性?

3. 社工的自发性适当吗(例如是否圆熟)?

4. 社工的自我表露或分享类似的感受和经验是否适当?

5. 社工表现支持的非口语行为是否适合案主的文化?

积极关注:

1. 社工的行为是否显示出对案主的承诺和与其共事的意愿(例如准时开始和热烈地回应等)?

2. 社工对案主口语和非口语的反应是否都不带批判或评价意味?

3. 社工是否以支持的非口语行为(温柔的语调、微笑、眼神接触、触摸)和口语反应(丰富的陈述和/或立即性)将温暖传递给案主?①

第一位社工在面谈时多以提问的方式开展辅导,并过早地介入案主相对敏感的话题。在简略询问了一下案主的情况后,便转入于

① 参见 Sherry cormier 和 Bill cormier 著,王文秀等译:《助人者的晤谈策略——基本技巧与行为处遇》,台北心理出版社股份有限公司2000年版,第98页。

预,在未明了案主对分手抉择如何看待的情况下,便说“对的事情就要有勇气去做”;还有过早的建议与空洞的许诺,都可能导致案主不认可,阻碍案主的探索,甚至使案主怀疑社工的专业性与服务的效果。第二位社工则运用专注倾听、同理、自我表白与开放式提问等技巧,使案主感受到被了解、关注与接纳,其工作重点着眼于关系的建构与助长性情境的营建,与初次面谈的目标相吻合。

实验模块二:

移情和反移情训练

本模块由一个练习和一个案例组成。练习提供了几个情境,以帮助学员辨析移情和反移情可能的情形,并学习体察人际之间的微妙关系,下面是对这些情境的分析。

[练习]

(1)移情。案主对社工有好感,希望与社工有进一步的社交往来,这是正向的移情,但之后也可能会有所改变,社工需谨慎处理。

(2)反移情。你对案主念念不忘,可能你对案主有理想化的投射,并对案主发展出某些特殊的感情,这是社工的反移情。

(3)反移情。这是社工反移情的另一个例子。虽然结案对双方而言通常会有些难舍或失落的情绪,但你较强烈的反应,显示出某些情绪依附使你很难让这位特定的案主离开。如不加以处置,会有碍服务的效果。

(4)移情。该小组成员似乎把社工视为自己父母的化身,把自己对父母的愤怒情绪转移到社工身上。这种移情的产生有助于社工与案主进一步挖掘问题的所在,是社工可以运用的一个资源。

[案例]

案例则通过社工与案主的具体对话与情境模拟,加深学员对社工与案主间移情与反移情时心理与情绪反应的动态了解，并通过示范性案例培养相应的应对能力。学员们可以就以下几方面探讨案例中有关移情与反移情的问题，并加以评估社工的反应得当与否。

(1)案主提到自己的情绪和感受时，是否存在移情反应？其反应是正向的吗？

(2)社工有没有真实地处理自己的情绪与感受，并表达其立即性？

(3)社工在面对自己的感受和知觉时，是否使用第一人称？即是用“我觉得”而不是“您让我觉得”的词句来“拥有”其感受和知觉？

(4)社工是否有针对自己的感受、案主的感受或是关系，表达其个人的看法？

案主对辅导者产生情感依恋是常有的事，也是对辅导者个人操守和技巧的考验。在本案例中，社工在处理丝琴的移情反应时，注意不伤她的自尊心，直接向丝琴表明了专业关系的特性，使她明白拒绝其邀请的理由和目的。同时，社工运用澄清解释技术对佩馨的情绪、感受加以探索，其主要的方式是多同案主讨论这段时间以来她的经历，以及怎样可以将这种经历内化为一种个人成长的动力，从而努力使案主对他的感情依恋转变为对自我的鞭策，最终升华案主这段特殊的好感，以逐渐拉开彼此之间的距离，使案主不再对辅导者存有任何浪漫的幻想。这样做，不但辅导者坚持了自己的立场，与案主保持一定的距离，也使案主得到了应有的尊重，心悦诚服地接受了辅导者的解释。

辅导者处理移情的有效工具是案主对你的尊重，主动权其实在辅导者手里。

实验模块三：

工作同盟训练

学员在讨论本模块的练习时，可就以下问题进行反思，并自我评估。扮演案主的同学也可以从社工的角度，对这些问题加以回应。

(1)我与案主之间彼此真正了解的程度如何?

(2)对于案主的出现,我感觉如何?

(3)有没有什么阻碍使得我难以与案主展开自如的对话?

(4)有哪些部分是我无法和案主分享的?

(5)在我们的关系中,我们有否伤害彼此?它是如何发生的?

(6)在我们的关系中,我们有否帮助彼此?它是如何发生的?

(7)我们希望彼此的关系朝着什么方向发展?

(8)我们对自己性别角色的概念如何影响我们彼此的相处方式?

(9)我们的年龄、文化差异如何影响我们彼此的相处方式?

六、课后练习

1. 请就以下不同情节,学习运用同理心、真诚一致、积极关注等技巧与案主沟通,在下面写出你的回应,并根据本章“分析与评估”中模块三的内容加以评估。

案主:我妈上周偷看我的日记,我发现后问她,她还强词夺理,说我是她生的,有什么不能看的。

社工:

案主:我都15岁了,她还把我当小孩。我气得这几天都不和她说话,看也不要看她。

社工:

案主:我同学张晨的妈妈连进她房间都每次敲门呢!我妈怎么这样,一点不尊重我的隐私,在这个家里一点自由都没有。

社工:

案主:我根本就没办法与她沟通,大家根本就不是同一个世界的人。再这样下去,我实在是不想待在家里了。

社工:

案主:是啊,不待家里也不行。不过,天天和这样的妈待在一起,整天唠唠叨叨的,烦都烦死了……

社工:

案主：不是说我“该做作业了，怎么还拖啊”，就是说我“东西没收好”，还有穿什么、吃什么啦。

社工：

案主：可能吧。

社工：

2. 请试着就以下案例练习你处理移情问题的回应方式。可以自行组成一个小组，先两两相对轮流扮演社工与案主，再在大组中进行交流与反馈。

案主：谢谢你这段时间的帮助，我已经好多了。听了你的建议，我报名参加了社区组织的白领青年郊游活动，同时也是提倡环保的公益活动，时间在本周六，能不能请你一块参加？

社工：非常感谢你的好意。但社工的职业伦理强调工作关系的单一性，我相信这也有助于我更好地为你提供专业服务。

案主：是你一直鼓励我要参加社交活动，可我上次和这次邀请你陪我一起参加活动，你都拒绝，我怀疑你是否真的愿意帮助我？

社工：……

案主：……

第八章

如何评估问题

——评估方法、界定问题、与问题有关的控制变量

所有的个案都有一个预估的过程，在此过程中，社工需要通过资料的收集，形成对案主问题的界定。这个评估过程是一个动态而系统的过程，社工会在信息的采集中，不断深化对案主及其问题的认识。但同时，这个过程也有一定的结构性，如资料收集的大致框架，切入分析问题的视角、评估问题的方法等都有固定的架构。学员们需要在这种动态与静态的平衡中学习如何评估问题。

一、实验目的

评估问题是个案面谈中的重要一环，本章通过不同模块的训练把评估问题的过程阶段化，从学习界定问题的分类与定性，到具体问题相关层面的探索与分析，再到问题的归纳与整合，以帮助学员细化评估问题的环节，并学习运用相应的澄清、引导与反应技巧，以把这些技巧统合于评估问题的总目标，从中培养学员在具体情境中的判断力与洞察力。

学完本章，学员将可以达成下列目标：

(1)了解三种常用的评估方法，通过案例的演示学习如何在个案的不同情境中加以运用。

(2)知晓如何界定问题，并对问题的主次及问题间的相互作用形成一定认知。

(3)借着案例的演示与讨论，学习在具体情境中澄清及确认与问题有关的控制变量。

二、实验要求

本章实验要求学员把握三方面的知识与技巧:其一是人类成长与环境、人际沟通、个案社会工作等必备的理论知识;其二是对案主可能面临问题的分类与性质、问题史与成因、评估方法等实务环节的具体知识;其三是面谈过程中的实务技巧,尤其是澄清与查证技巧、引导与反应技巧等。

以上的知识与技巧始终以评估与诊断为目标,学员在实验过程中不宜过早地介入案主问题的改变与影响层面,在实训环节宜采取谨慎而中立的态度,与案主一起探讨,注意了解案主自身是如何看待其问题的,而不把自己的主观经验强加给案主。

(1)实验时数:3 课时。

(2)实验设备:独立的面谈室、小教室、多媒体电子教学设备(或摄像机、电脑、投影仪)、移动椅子。

(3)实验人员选择:结合每一个案例要求选择相应的学员,注意依据学员的意愿与性别选择适切的对象。情境讨论与分享反思环节可以根据场地情况,分 6～10 人一组,加以探讨。

(4)实验前的准备工作:负责案例模拟的学员课前做好案例的准备工作,分担案主与社工的角色。现场演练与情境讨论、课程反思的部分,需有相应的指引,以帮助学员有目标地加以观察与思考。

三、实验要素

由于个案的复杂性,评估案主的问题是一个非常需要专业知识与临床经验的工作。社工要运用专业技巧与方法有效地收集资料,并对这些资料加以整理,从中发掘困扰案主问题的核心所在,同时对问题的成因、程度及相关环境资源作出评析。其中,有些专门的技术是本章要训练的,如必要的评估工具或方法、问题的厘清与界定、问题演进中的控制变量等。下面,我们先把这几个概念加以界定,再对相关的实验加以说明,以帮助学员更好地开展实验。

1. 重点概念

(1)评估方法。评估的方法多种多样,下面主要介绍三种较简便易学且常用的方法。第一种是标准化测试,即一些公认的、较有效度的常用的量表与医学检测,如兴趣与人格量表、焦虑量表、生理心理的医学诊断等;第二种是非标准化测试,它没有统一的标准与鉴定,其形式与解释都比较多元而机动,可以是较固定的自我检测表,也可以是较开放的自我陈述与评估;第三种是观察,这包括社工的观察与案主的自我观察,也包括案主系统中重要他人的观察。

这三种方法各有其特点。标准化的测试有一定的常模,参考性较强;非标准化的测试有助于案主的自我澄清与梳理;实地的观察是社工随时随地需要运用的,有经验的社工可借助观察获取精准而可靠的信息。在实际的辅导中,社工要注意不能只依赖一种评估方式,而应根据需要综合运用多种评估工具或方法,以获取并检测不同的信息。

(2)界定问题。前来寻求辅导的案主往往对自身问题的陈述是模糊不清的。如失恋的人会说:“我好后悔,为什么我不早点认识到这个问题,现在说什么都晚了。”有的老人会说:“现在做什么事都打不起精神,精力不行,老了就不中用了。”你需要和这样的案主确认困扰他们的问题具体是什么。也可能你第一次便听到他们直截了当地说:“我怀疑自己是否患有忧郁症,我看了书,又到网上询问了专家,可能我已经患了两三个月了。”但仔细了解后,你又发现他们问题的中心议题是丧失。

所以,社工需要帮助案主了解困扰他自己的真正问题,从外显行为与心理症状背后,寻求深层的内在需求与心理动力,以把握诸多现象背后的核心议题。这个过程就是评估中重要的工作之一:界定问题。在此过程中,我们需要区分元问题和衍生问题,同时要关注案主自身对问题的理解与接受程度。

(3)与问题有关的控制变量。与问题有关的控制变量是指能引起问题改变的相关因素。了解这些因素有助于我们明白案主问题产生、演化的过程及其中的相互影响，使我们对问题的认识更深刻。正是从各种具体的控制变量中，社工可以找到案主问题的各种脉络，从而完成细致的评估报告，为问题的界定与解决指明方向。具体而言，这些控制变量主要包括：

①案主的问题行为；

②引发问题行为的先前事件；

③使问题持续的附加好处；

④问题行为的后果；

⑤案主自身及其系统中的资源；

⑥有关的社会政治背景。

2. 实验说明

本章的实验围绕预估中的问题展开，无论是评估方法还是问题本身的界定与相关变量的学习，都以强化对问题的分析与把握为基础。下面的实验分为三个模块，同时根据模块自身的特点设置练习、角色扮演、案例对话等不同类型的实验，帮助学员提升评估问题的能力与技巧。

(1)评估方法的选择与运用。本模块将通过几个练习帮助学员把握不同的评估工具。一些常用的标准化量表一般来说都有配套的说明，使用起来困难不大。建议学员可以搜索一些量表自己进行检测，或者和其他学员一起交流标准化量表的知识与使用经验。本章主要训练的是后两种评估方式，即非标准化测试与观察法。此外，需要强调的是这些评估方法除了用在评估过程中汇集案主问题的资料外，也可以用来评量案主在治疗期间进步的情形。

下面的实验环节选取了几组练习，以帮助学员掌握不同评估方法的使用。其中，非标准化测试因为形式较多元，且有较大的创意空间，所以选取了两组练习与一次家庭作业。而观察法则有一组团体互动行为的演练与一次个人的自我观测作业。运用这些练习时，比较有效的学习方式是学员组成小组，通过同辈督导的力量互相分享学习的感受与心得，从而尽可能增强学习的效果。

(2)问题的厘清与界定。对问题的厘清与界定是准社工需要重点发展的能力。许多学员会迷失在案主的问题表象之中,或者对案主问题的核心议题无法确定。这种对问题的明察与判断的能力是需要通过大量的辅导训练后才能逐步培养起来的。本模块提供了两个案例与分析作为示范,学员宜在课后多做些此方面的练习,如对常见的问题做些分类,每类问题找些案例做研讨,以提高自身对问题诊断的敏感性与精准性。

本模块的实验选择了两个较有代表性的案例:一个反映了离异母亲与青春期儿子关系中的冲突与纠缠,一个涉及退休男士的社会适应与精神健康问题。学员需要既关注案主内在的心理需求,又关注案主社会环境方面的影响;同时学习在不同的问题中找到关联性,为案主的核心问题正确把脉。

(3)问题的探索与澄清。本章主要围绕以下几个因素训练学员针对问题加以探讨,即:案主的问题行为,过往经历对当前状况的影响,事情结果及附加的好处,该问题的家庭、文化与社会背景等。这几个与问题有关的控制变量是社工辅导案主通常都要涉及的,但如何引导案主去探讨它们,对初学者来说是一个较困难的话题。其中,要用到具体化的技术,而学习一些提问的范例也是较有效的方法。

本模块的实验由两个案例对话组成:一个是社工实习生辅导社区何女士的真实案例,另一个是资深人士对有学业压力之女生的专业辅导案例。两个案例都围绕学业,但一个是妈妈的角度,一个是女儿的角度,有助于深化学员对此问题的思考。此外,还可以比较实习生与资深人士工作手法的不同,反思自己做个案时的经验更倾向于示范的哪一个案例,自身的问题何在。同时,通过第二个案例的示范,学习如何通过面谈收集与问题有关的控制变量,并引导谈话逐步深入。

四、实验内容

实验模块一：

评估方法的选择与运用

[练习1] 问题句子

学员可以先自己在纸上完成以下句子，再三人为一组，分享此练习的感受。

我最大的问题是：

我其他的问题还有：

[练习2] 问题检核表

第一列后面的空栏是学员可以针对自己关心的议题继续添加的，同样也可以对给出的议题作些改变，然后请学员在符合自己情况的空栏里打钩，最后在三人小组中讨论此练习与相关议题。

问题检核表

	从来不是问题	有时有此问题	常有此问题
我担心外貌			
我想我______(身体某方面)有毛病			
我怕别人对我提意见			
我没有真正的朋友			

（续 表）

	从来不是问题	有时有此问题	常有此问题
我很难维持一份稳定的工作			
我得存钱			

［练习 3］ 金鱼缸[①]

请 5 名学员选取不同的角色，分别扮演社工小张（30 岁）、母亲王女士（38 岁）、父亲陈先生（42 岁）、双胞胎女儿玲玲、菲菲（13 岁）。该家庭的情况如下：

该家庭中的大女儿玲玲学业优秀，性格外向，热衷于学校的社团活动与朋友间的社交，对家庭关注不多。小女儿菲菲性格内向，个性独立。菲菲小学成绩不错，但进入中学后，成绩下滑。所交朋友人员混杂，出现逃学、顶撞老师的现象。最近老师反映她在课上偷看成人化的涉黄书籍，家长很担心，前来找社工小张辅导。此次是第三次面谈，此前小张了解到母亲王女士因长年患病，精神抑郁，不太有精力管女儿。父亲的经济负担重，兼两份工，也无暇与女儿沟通。

请 5 名学员针对上述情况，围绕菲菲的自身问题及其家庭的互动，演绎一段 10～15 分钟的对话。

实验模块二：

问题的厘清与界定

请学员就以下案例思考案主存在哪些问题以及这些问题间的相

① 金鱼缸是一种观察学习的方式，这种方式要求几位组员在房子的中间现场展示辅导过程，而其他的组员则围在外圈观看。

互关系，然后在三人小组中展开交流。时间允许的话，可每组派一个代表，在大组中交流。最后由老师点评与总结。

[练习1] 母子关系

孙女士是一位离异的中年女性，有一个儿子正在某校读高二。自儿子去年高一开始住读后，受同学影响，渐渐学会了抽烟，对她老是顶撞，许多事不愿和她说了。孙女士担心儿子会受朋辈不良影响，于是劝导儿子，他是一棵小树苗，还需要家长引导，不然便会长歪。儿子后来听从劝导不再抽烟，但有些行为如粗口，还是让孙女士看不惯。对于这些行为，儿子说同学们都这样，自己不做就不合群了。此外，孙女士还担心儿子贪玩，她认为现在是关键时期，要抓紧学习。所以周六周日在家时，孙女士对儿子的学习盯得挺紧，有次同学打电话邀儿子玩，被孙女士回绝了。儿子对此特别不满，把房门一关，不理睬她。

因孙女士离异较早，儿子从小便和她相依为命。以前，母子关系一直挺好，儿子也很孝顺。但上个月，王女士和儿子谈起自己单位遇到的不开心事时，儿子说她应该和自己的朋友讲。看着儿子的这些变化，孙女士有些无所适从，不知道该如何与儿子沟通。

[练习2] 退休问题

王先生是一位大型机电公司的工程师，已经过了退休年龄，但因为工作卓有成效，而被公司留任两年。五个月前，人事经理找他谈了一次话，说公司还将续聘他一年，之后便与他解除聘用关系。王先生是个非常敬业的人，在本行业从事设计工作30余年，许多困难的图纸设计都是他带头攻克的，他一直以此为傲。自从被告知要退休后，他的工作就不在状态，图纸的设计常出现纰漏，有的设计项目在限期内还无法完成。虽然直属领导没有任何谴责，还安慰他放宽心，但这更令他愧疚，担心自己这样的状态让常以他的工作表现为傲的公司及家庭蒙羞。

社工问这前后他感觉自己有什么明显的变化。王先生说工作上经常卡壳，还常常担忧。当问及他担忧些什么时，他说担忧退休之后不知该做什么，也不知自己会变成什么样，以致他有时整晚睡不着觉，食欲也不佳。

实验模块三：

问题的探索与澄清

请学员两两一组进行角色扮演，一人扮演社工，另一人扮演案主，进行15～20分钟的问题史会谈，然后交换角色。扮演社工的人可以参考评估与分析中对应的要项进行引导，可以事先记下要点。面谈结束后，请学员对过程作一份较简短的摘要分析，并在随后的课程讨论中交流。

[案例1]　中考女生妈妈的烦恼

社工生：我听说您和您的女儿之间有一些问题，是这样吗？

何女士：实际上可以说是有问题，也可以说没有。就是我女儿现在初三了，读书成绩不是很好。一般人家初三的小孩在家里肯定要做很多课外功课的，我也帮她买了很多书，又问人家要了很多书叫她做，她就是不肯做。多讲她两遍，她就不开心，我们两个人就开始吵，厉害的时候她又哭又闹，没办法，只好不做了。

社工生：哦，是这样子的。您和您女儿平时感情好吗？就是不讲做功课的时候？

何女士：平时关系应该还算可以的。就是一碰到做功课的事情就开始吵，我们羽茜从小到大都是我管她的。小时候很听话的，我让她读书就读书，让她背英文单词就背英文单词。可能是我的教育方法也有不好的地方，小时候一直推着她走的，现在人长大了，不听话了。

社工生：您女儿叫羽茜啊？

何女士：对的，赵羽茜，小名叫羽茜。

社工生:听您这么说,羽茜很依赖您?

何女士:是的呀,那么大的孩子了,每天袜子、短裤都要我帮她洗。她考试的几天我要赶回来烧中饭给她吃。

社工生:她自己不会烧?

何女士:不会的,我们只要她书读得好一点就行了,别的都不要她做的。现在功课又不好,真是急死人。我们帮她做了那么多事情,她还都觉得是应该的。讲起来"哪个妈妈不是对女儿那么好的?"你告诉我,你初三的时候,你妈把你服侍得那么好吗?

社工生:呵……我妈那时候不会什么都帮我做好的。但我知道每个妈妈在这个时候都会为自己小孩操很多心的。对了,羽茜妈妈,您刚才说帮羽茜买了很多书,又借了很多书,是吗?

何女士:是的呀,我在她初二暑假的时候就帮她准备好书了,什么《四星级题库》啊,《一课一练》啊,我老早住在虹口的,隔壁邻居小姑娘今年刚刚考上大学,成绩很好的。我老早向她打好招呼,让她把以前初三的书都拿过来。暑假里,小姑娘说她把书都找出来了,是我开车子去拿过来的。很多书放在那里,要女儿做她不做。你说有什么办法?

社工生:我知道您现在对女儿的学习很担心,初三的确是一个很关键的转折期。您刚才说您以前的那个邻居今年刚刚考上大学。据我所知,现在初中都教改过了,我在想那些参考书版本会不会太旧了,不适合羽茜现在读?

何女士:我是知道她们现在读的要比以前难很多,而且现在的趋势是越来越难,你说是吗?

社工生:是的。我知道不管是初中还是高中,现在题目都越来越讲和实际相联系,越来越强调综合能力了。

何女士:对的,你讲得一点不错。但你知道吗?她现在不要说综合能力了,我和你说,她从预初到现在就都不是很好。小学时候我推着她走,什么都超前一点。英文啊、语文啊,老师教第三课的时候,我已经叫她开始背第三课了。

社工生:那时候预、复习都做得好些?

何女士:是的呀,我让她读一遍,老师上课讲一遍,自己回来做作业的时候又复习一遍,这样就三遍。预、复习做得很好,所以成绩就蛮好的。然后么就考这个外国语学校,考是考进了,考进她就不好了。人大了,开始有自己的主张了,叫她走在老师前头看看书,她不听的,成绩么就下来了。这是一方面。另一方面呢,她们老师也不稳定,一开始一个老师教数学的,小老师,预初教完之后跳槽了。这个老师教得还可以,跳槽之后么,来了一个男老师在教,她们不喜欢那个老师,叫他"黑皮"。

社工生:她们给老师起外号啊?

何女士:是的呀,她们嫌"黑皮"教得不好,后来家长们反映,学校就把老师换了,又换来一个年纪大的老师,女的。年纪大的老师么有点"捣糨糊",还是不好,不好不好么初二也教完了,后来那个跳槽的老师倒又回来了,现在初三了还是叫她教。

社工生:那么羽茜现在的数学老师就是最早时候的那一个?

何女士:是的。那有什么用呢?以前的基础都没打好呀。

社工生:那么羽茜其他功课呢?她读外国语学校,英语应该蛮好的。这样部分还是可以帮一把的吧。

何女士:也不行的。口语还可以,语法什么的又不行了。她就是不要看书的。现在又有物理、化学。物理初二的时候基础也不好,现在考了两次,要么不及格,要么六十几分。化学这个学期刚刚开始,也不知道她读得怎么样。我看大概也不会好的。

社工生:羽茜妈妈,您也不能这样说。像化学这样的课,大家都刚刚开始学,只要用功一点是可以读得很好的。羽茜初三刚开始,还有近一年的时间可以努力,您要对她有信心。

何女士:不行的。我的女儿我最了解了。她一定要有人逼着才行,自己一点都不会用功的。我真是替她急死了,她一点也没什么。

社工生:羽茜妈妈,看得出您对女儿现在的状况真的很担心。那您有没有想过帮她请一份家教?

何女士:有!怎么没有?老早请好了,就是H师范大学的。现在每个星期时间都排满了。

社工生：哦，那家教要辅导她什么呢？数学？英语？

何女士：数学、英语、物理、化学都要的。

社工生：那么多啊？

何女士：没办法呀！她门门功课基础都不好，那就都补了。我请了两个大学生来，一个教数学、物理、化学，另外一个教英语。

社工生：就是一个文科，一个理科啰？

何女士：是的，是的。

社工生：那羽茜现在自己的时间就很少了？

何女士：是的。怎么还有自己的时间？现在时间根本不够用，期中考试刚刚考好，初三四分之一已经没有了，她什么都要补上来。要考好学校，时间根本来不及的。你以前也是初三过来的，那时候是不是很辛苦啊？

社工生：那时候压力的确蛮大的，要做很多题目的。

何女士：是的呀，我们羽茜不懂的。不苦怎么行呢？还是稀里糊涂的，要不是我帮她请家教，她自我感觉还很好的。

社工生：那您觉得现在这两个家教效果怎么样？

何女士：效果倒还可以。老师在的时候么，哄哄她，她就做几道题目。当小孩子哄呀。家教一走掉，她就开始玩。上网啊，就这副样子，再叫做题目她就不肯做了。有时候家教在的时候，叫她做题目。她做么做的，但做得很慢。我们羽茜一定要逼的，不逼不行的。

社工生：您刚刚说她上网，她每天都上吗？

何女士：上！每天一回来，电脑就打开。我们说这样要影响做功课的，她总归说“不要紧的，不会影响的”。讲也不听，你一个不注意，她就开始上网聊天。

社工生：哦，就像我们以前做功课一定要一边听音乐一边做一样的。

何女士：是吗？你们以前也是这样的吗？是不是这个年龄的小孩都是这样的？

社工生：可能是的。不过电脑开着总归不大好，容易分心。

何女士：是的呀。我们羽茜很不专心的，一定要有个人在旁边看着她的。

社工生:有没有想过强制命令她不许开电脑?

何女士:有过的。我和她说:“羽茜,不要电脑开着做功课,要影响到你的。”她总归说:“不要紧的,不会影响的。”有时候刚刚吃好饭,电脑又开开来了。现在的小孩多犟啊,你根本争不过她的。我想讲讲又要吵起来,弄得大家都不开心。没意思的,就算了。

社工生:您讲她她不听,那她爸爸呢?她爸爸不管她吗?

何女士:她爸爸才不管她,他们两个一个鼻孔出气。晚上叫她多做点题目,她不肯做,说累死了要睡觉了,她爸爸也就跟着说:“睡觉,睡觉!”像那两个家教,我一开始问羽茜要不要请,她说不要请。问她功课会做吗,她说都会的,考试又不灵的。她么最好不要请家教来了呀。她爸爸又不知道她到底差到什么地步,在外面还一直吹,当自己女儿功课有多好,一听她说不要请么,也就说不要请了。两个对我一个人。

社工生:那现在这两个家教是您要求请的?

何女士:是的。你听我说呀,我本来初二的时候就要帮她请家教的,就是他们两个一直不肯不肯,我也就没请。现在初三了,一上来几次考试,她都考得不好。我想想不行,也不管他们说什么了,就请了。请好之后,考试稍微好一点了,两个人都不跟我争了,特别她爸爸也不响了。

社工生:羽茜爸爸真的对羽茜的实际情况一点都不了解吗?

何女士:这……怎么说呢?她爸爸工作么是蛮忙的,有时还要出差,而且从小都是我在管她的,她爸爸又不大管的。照我说啊,她爸爸是不喜欢她,巴不得她考不上好的高中,考个中专、技校,好早点工作,可以不要养她了。小姑娘自己又不懂事情,还以为对她好呢!唉,我真为她急啊!

社工生:羽茜妈妈,您也不要太着急。毕竟现在初三才刚刚开始,羽茜还有差不多一年的时间可以利用。现在家教也请了,而且也有点效果了,是吗?

何女士:是的,现在好像有点效果了。

社工生：羽茜爸爸可能是因为平时关心羽茜少了，不希望她太辛苦。我相信每个父母都是很爱自己孩子的，而且我希望我也可以对羽茜有一些帮助，起到一点作用。

何女士：我现在最头疼的，就是她不肯做题目。让她做点题目，像给她吃药一样的。你倒帮我想想办法看，怎么样才能让她自觉一点。

[案例 2]　高二女生的学业压力

社工：李小姐，你好！从你上次来电话预约的内容看，你说到自己在学校生活的不开心与紧张感，是否这是你今天来这里要谈的主题？

小洁：是的，我现在每天早上想到要去学校上学就紧张、头痛，在学校里也总是不自在、不开心。

社工：听起来学校的生活让你挺有压力，以致你都想回避它。

小洁：是的。（眼睛看着地面，声音低沉）

社工：能否谈谈学校的哪些方面让你有这些反应？

小洁：我现在的学校是一所全市顶尖的高中，我们班的同学个个都很优秀，我觉得自己和他们相比，处处显得很笨。我总是担心说错什么，让他们笑话。

社工：请你举个这方面的例子，这样我们可以具体地分析分析，好看得更清楚：到底困扰你的是什么？

小洁：我们学校英语是特色，许多同学从初中起就在这所中学读，他们的发音非常地道。我总觉得自己的发音不准确，害怕同学们会笑话我。这让我上英语课时特别紧张，就怕老师点到我。

社工：你的这种紧张与害怕心理什么时候最强烈呢？是上课前，还是上课的时候？

小洁：可能是上课的时候吧，就是老师要提问的时候。当老师一停下来，准备让同学发言的时候，我就会心提到嗓子眼，生怕被点到。

社工：在你紧张的时候，你的身体有什么反应吗？

小洁：就是忐忑不安的，感到心跳加快，有时候掌心还会出汗。

嗯……胃部也有些收紧。

社工:一般,你上英语课时,会想些什么?

小洁:有时候会想老师课程中提到的内容,有时候就心不在焉。在很紧张的时候,脑子就一片空白,不知道想些什么了。

社工:人很紧张的时候,脑子是会一片空白。不过,在紧张的背后,往往有一些对自己、对别人或当时情况的看法,我很好奇你是怎样看的?

小洁:我会觉得自己不如其他同学吧,怕自己会当众出丑。我是不是挺傻的,明知这样想不好,但总是忍不住,就怕别人笑话我很土。

社工:只是在英语课上有这个问题吗?其他的课程你感觉怎样呢?

小洁:其他课程也有些怕答错,或者答得不太好。但是英语课更加严重,这让我总是提心吊胆的,感觉很累。有时候就找借口,不想去学校。但是我现在读高二下学期了,离高考也不远了,学业是一点也不能拉下的。我爸爸妈妈也为我担心,既想管我,又怕我压力太大,让他们这么为难,为我操心,我也不好受。

社工:看来你是一个挺为人着想的人,这样也让你在意别人的反应与感受,让自己觉得很累。

小洁:是的。我怕爸爸妈妈不高兴,从小到大,我的成绩一直不错,爸爸妈妈以前老以我为自豪。但我现在的表现恐怕只能让他们担心了。

社工:什么时候你开始想到自己的表现会让父母担心呢?

小洁:高一的时候。那时候来到新学校,我们有次摸底考,我考了17名。要知道以前我基本上没下过前5名。记得我爸爸妈妈知道消息的那天,他们特别开了个家庭会议,跟我说上了高中,一定要抓紧。他们给我定的目标是北大、清华之类的学校,这让我觉得很有压力。

社工:听起来新学校的排名下降以及父母很高的期待,让你很有压力。这些事情和你英语课上的困扰有什么关联吗?

小洁:好像从那时候起,我就比较在意别人的看法,也会和人比较。相比其他的课程,英语课我感觉最没有自信,我总觉得自己发音特怪,害怕别人会笑话我。而且越紧张,我这门课也考得越不理想,搞得我都不知如何对待这门课。现在就越来越怕上这门课,有时候就真的不去上了。

社工:你爸爸妈妈怎么看这些事呢?

小洁:从我上高中开始,他们就经常跟我讲要好好努力,要保持前 10 名,争取上北大。我爸妈都是知识分子,他们以前是北大校友,总是说北大好,让我以北大为目标。所以我就必须在英语方面更加用功,来达到他们的标准。但是他们这样的要求,让我很有压力,甚至都想退缩、想放弃。

社工:你先前提到父母既想管你,又怕给你太大压力,他们现在对待你和以前有什么不同吗?

小洁:知道我的情况,他们也很担心。虽然他们很着急我的学习成绩,但是现在的唠叨倒少些了。包括我最近两次找借口说身体不舒服,没上学,他们也同意了。这在以前是从来没有的事。可能他们怕我受不了,会崩溃吧。

社工:不知道你认为我说得有没有道理?你的英语成绩变差以及焦虑情绪产生的原因有没有部分是因为你不想接受父母给你过高的要求?这样父母看到你的状态不佳就自动降低对你的要求。

小洁:这我可从来没有想过。不过,你说得也有道理,可能潜意识里面我有这个想法。爸爸妈妈一直要我优秀,这让我很有压力。我们现在的学校同学又这么优秀,再要保持前 10 名的成绩,是很累的。

社工:是啊,同学都很优秀,爸爸妈妈期望你考北大,是会给你造成挺大压力。那你今天来这里,也是希望解决这个困扰。以前你有没有试过用什么方法来控制这种压力感呢?

小洁:没有。除了来这里找你,还有逃课吧。

社工:那你觉得避免上课的方法对你解决学业方面的紧张与压力感有什么作用吗?

小洁:可能没有。(沉默)缺课反会落下功课,自己也有负疚感。

可能父母对我的期望过高,但有时我自己对自己的期望也低了些。这样做对于我的将来并没有帮助。

社工:我很欣赏你的自我反思!有时我们以一种未经思考的方式试着去解决问题时,可能会使问题在某一方面更糟或加重整个问题?

小洁:(沉默)是的。但我不知道我还可以做些什么。

社工:你前面提到自己以前的学业一直优秀,高一时虽然未考进前10名,但也是17名?不知道你们班一共有多少人?

小洁:68人。重点班的人数总要多些。

社工:那你上次的排名还是在前三分之一或四分之一以内。想想看,自己身上有哪些优点或长处可以帮助你处理这个问题?

小洁:(沉默)你要我自己夸自己?

社工:对自己好一些没什么错,在这里这样做是好的。我也相信在我们觉得被压得喘不过气的背后,同时也隐藏着能够用来处理问题并解决问题的资源。

小洁:我上英语课虽然紧张,成绩也下降了些,但语文、数学成绩还是挺靠前的,总体总绩还可以。

社工:所以,你在学业上一直以来的表现还是挺不错的。请想想看,是哪些因素帮助你学业成功的呢?

小洁:我一直有预习与复习的习惯,领悟力与记忆力都不错。

社工:还有什么个人长处或身边的资源可以帮到你的吗?

小洁:我是一个挺有责任心的人,决定的事就一定会去努力做。我的爸爸妈妈在学业上与生活上都可以给我支持。

社工:很好(在进行这段对话时,一边听一边记录小洁的资源)。你告诉我你有良好的学习习惯,脑子也挺好使,有父母的支持,学业有较好的基础,更重要的是你是一个负责任的人,一旦你确定重要的事就会努力去做。

五、分析与评估

评估问题是一个动态的过程。往往资深的社工对问题的成因有预设的框架，依此去尝试收集资料，形成初步判断；再继续收集资料，调整或深化判断，直至问题与相关因素明朗至一定程度，社工有把握可以为案主问题作一个较明确的界定。当然在这个过程中，要注意核对，以避免把案主套在框架里。但一定的框架还是有助于帮助我们厘清方向，探寻线索。下面的分析中便隐含了这种框架，学员们根据这些框架去评估案主的问题，能使自己零散的经验得以系统化。

实验模块一：

评估方法的选择与运用

本模块的三个练习都是开放性的评估工具。完成句子是一种简单有效、直指核心的方法，有人可能认为这太简单与理想化了，但在案主有明确的求助意愿与改变动机时，请他们做以下练习，可以直奔主题。检核表使用范围很广泛，社工可以根据需要自行创设符合案主情况的检核表，其内容可涵盖健康与外貌、人格、社交生活、工作、财务、居家环境等不同方面，并可以让案主参与讨论检核表的设定，或者让案主自己添加类别。实验中的表格是一个范例，空白处是案主可以添加的议题。学员们完成实验后，可以根据下面几点评估此方法的有效性，随后可一起讨论使用评估的心得体会。

	一点也不是	有时是	经常是	总是
(1)你能自行完成填写				
(2)你认为这种方式有助于你思考自身的问题				
(3)你相信这种方式能收集有效信息				
(4)你愿意真实地填写相关内容				

(5)你赞同这种检测方式

教师可以把这些对话加以录像,学员们可根据下面的提示记录你们的观察,即家庭成员的关系、说鼓励或正面意义的话之次数、攻击性谈话的次数、家庭互动中呈现的问题、社工的表现等。最后,可以在教师的带领下分享。

实验模块二:

问题的厘清与界定

本模块的两个练习目的是帮助学员分析案例,学习诊断案主的核心问题及问题间的主次关系。从练习1中的孙女士表面看来,面临的是与青春期儿子的沟通问题。在孙女士看来是儿子出现了问题,其实儿子的问题并不是问题,问题的真正所在是孙女士对儿子的心理依赖。母子关系过去一直挺好的背后是孙女士长期把儿子作为倾诉与关注的对象,而儿子则体会母亲的不易,同时出于孩子对家庭与母亲的忠诚一直守护着母亲。母亲的内在并不希望或还未能接纳儿子的长大,儿子则因为离家住宿的原因开启了自身成长的空间,这有助于他从家庭的压力与束缚中出离。母亲需要接纳儿子的成长,同时寻找自身的支持系统,以使亲子关系不过于纠缠,让自己与儿子都有成长的空间。

如何与青春期儿子沟通则是次要的问题,当然也需注意处理,但二人冲突的根本仍在于母亲未能意识到儿子的长大,掌控过多。儿子其实还是孝顺且爱妈妈的,如母亲能以平等些的方式与儿子沟通,尊重其个体的独立性,二人的沟通应该也不至成为障碍。

练习2中的王先生面临的主要是退休期的社会适应问题。由于王先生一直以工作为生活的重心,现面临越来越近的离岗日期,王先生难以接受角色的转换,以致产生焦虑情绪。所以元问题是社会适应,衍生问题是情绪焦虑并伴有抑郁。个体的一生都会面临角色的变换,从幼儿园进入小学、小学升入初中、初中升入高中、高中后进入大学、大学毕业后再工作、工作后岗位的升迁、从单身转为已婚、再从两人世界转为三口之家等,这些变化都会带来角色的转变,需要个体发展出新的方式去适应变化后的环境与角色要求。

本案例中的王先生则未能顺利完成这一转化,过往单一的关注其实也是对生活其他层面的忽略。社工在此可以帮助王先生认识:其适应新角色的困难在于他只把工作视为自我价值与自我实现的唯一来源,若能加以反思把工作在生活中重新加以定位,接纳现状,学习与现有的生活层面及资源连接,其内在的困扰将能逐步解决。

实验模块三:

问题的探索与澄清

学员们可以根据实验说明中的六项指标对这两个案例加以比较,考量两位社工在面谈中对困扰案主之问题的相关因素方面的探讨如何。

以李小洁的案例为例,我们可以作些简要分析:社工帮助李小洁确认英语课的外显问题行为是紧张、退缩、逃课,询问案主"你上英语课时,会想些什么?"、"在紧张的背后,往往有一些对自己、对别人,或当时情况的看法,我很好奇你是怎样看的?"等则是对其内隐问题行为的探索。引发这些问题行为的先前事件是新学校的排名与反差、父母对李小洁的高期待;导致的结果事件是英语成绩退步、情绪低落。案主在此获得的好处是可以逃避英语课带来的紧张、让父母降低要求。而案主的资源是良好的学习表现、学习习惯和学习能力,负责、努力的特质与父母的学识与支持等。

对于问题评估,学者们有不同的预设理论架构,以上只是一种分析问题的视角。学员还可以参考相关的资料,帮助自己从不同层面分析案主的问题,并逐步形成适合自己的模式,以提升自己对问题把握的敏感度与判断力。为帮助大家学习具体的评估问题技巧,下面的一些问题与引导语有助于初学者更快地分析自己或他人对案主问题评估的有效性，并可在自己的个人练习或个案练习中检查自己所问的问题是否较全面与有效：

1. 这是你目前生活中唯一关注的问题吗？或者还有其他尚未提到的问题？（问题的范围）

2. 当你说你觉得焦虑时，你真正指的是什么？（问题行为——情感要素）

3. 当你感到焦虑时，你是否觉得体内有什么不同？（问题行为——身体要素）

4. 当你感到焦虑时，你通常都做些什么？（问题行为——行为的要素）

5. 当你感到焦虑时，你通常想到什么（或对自己说些什么）？（问题行为——认知要素）

6. 请详细指出，焦虑什么时候浮起或什么时候恶化。（问题行为——背景要素）

7. 叙述一下当你焦虑时，你通常在哪里或身处什么情境？（问题行为——背景要素）

8. 叙述一下当你有这些感觉时，通常有其他哪些事情是正在发生的？（问题行为——背景要素）

9. 告诉我当你感觉这样的时候，你身边通常有哪些人？（问题行为——关系要素）

10. 有没有任何感觉导致产生这种情况？（先前事件——情感要素）

11. 这些感觉产生之前，是否有任何的身体感官知觉？（先前事件——身体要素）

12. 你是否注意到有任何特别的行为反应或模式，是在这些感觉之前发生的？（先前事件来源——行为要素）

13. 你是否沉溺于任何想法或事物，导致产生这些感觉？（先前事件来源——认知要素）

14. 你第一次发现这种感觉是何时？当时你在哪里？（先前事件来源——背景要素）

15. 你能回想出与这种感觉有关的任何事件或时机吗?(先前事件来源——背景要素)

16. 是否有任何特殊人物的出现而引发这种感觉?(先前事件来源——背景要素)

17. 你是否觉察到有任何其他特殊的感觉,会导致焦虑有所改善或恶化?(结果事件——情感要素)

18. 你是否觉察到有任何身体感觉或生理反应,使这种感觉变好或恶化?(结果事件来源——身体要素)

19. 有没有任何事情是你做了以后,会使这些感觉更强烈或减弱的?(结果事件来源——行为要素)

20. 你能不能确认当你想象某些事情时,会使这些感觉变好或变坏?(结果事件来源——认知要素)

21. 这些感觉在什么时候会减弱或消失?或变坏?在什么地方?在什么情境下?(结果事件——背景要素)

22. 是否有认识的人的某些反应,会使这些感觉继续或较不强烈?如果有,他们是如何反应的?(结果事件来源——关系要素)

23. 焦虑的结果是否曾经让你摆脱或避免你不喜欢的事情?(结果事件——附加的好处)

24. 这个令你神经质的问题,是否曾经对你产生任何特别的好处或酬赏?(结果事件——附加的好处)

25. 你曾经用什么方法解决这个问题?效果如何?(先前的解决方法)

26. 请你描述在什么时间与情境下,你不会有这些感觉或觉得平静、轻松。在这些情境下,有哪些事情是特别不同的?(因应技巧)

27. 你以前通常如何因应生活中的其他困难情境或感觉?(因应技巧)

28. 如果请你给这个问题命名,就像一场电影或一本书,标题会是什么?(案主对问题的知觉)

29. 你如何对自己解释这些感觉?(案主对问题的知觉)

30. 在一天当中,这些感受出现的次数有多少?(问题的频率)

31. 这些感觉伴随你有多久？（问题持续的时间）

32. 在从1到10的量表上，1表示不强烈，10表示非常强烈，通常你这些感觉的强烈程度为何？（问题的严重性）①

大家可以互相交流对以上问题的看法，并请思考检试这些问题有何好处？是否这些问题都有检视的必要？怎样的评估才是足够的？最后大家可以根据集体的意见对社工生与社工评估问题的能力与技巧进行1～5分的评量，分值越高，代表能力越好，技巧运用也越娴熟。

六、课后练习

1. 案主张某，现年48岁。面谈中，他提到以下几个困扰他的问题：妻子患癌症，家庭经济困难，面临中考的女儿学业受影响，自己压力大、焦虑。这些主题中，哪一个最能引起你的兴趣，并将和他一起探讨？为什么？

2. 请学员自行组成三人学习小组，分别扮演观察者、社工、案主，请就以下案例进行30分钟左右的角色扮演：

案主李长林因酗酒问题，连续四天迟到，被工厂领班训话，他很担心丢掉工作，因为他有两个年幼子女，还有购房的分期付款压力。

角色扮演后，以口头或书面的方式，找出引起问题的先前事件、使问题持续的结果事件、附加的好处或报酬、案主的资源、技巧，以及辅导中可以利用的资源等。

---

① 参见Sherry Cormier和Bill Cormier著，王文秀等合译：《助人者的晤谈策略——基本技巧与行为处遇》，台北心理出版社股份有限公司2000年版，第416－418页。

第九章

如何制订计划

——目标设定、方案的产生、方案的选择

当对案主问题及其相关因素达到较充分的了解后，便可以与案主一起就问题的解决制订一份双方认同的服务计划。由于案主问题、案主改变的意愿、案主处境及其人格特质的不同，计划的制订需要因人而异。此外，由于教育背景和人格特质存在差异，每一位社工采取的介入策略也会不同。但这并不意味着计划的制订是率性而行的，其中仍有章法可循。对于初学者来说，学习制订一份规范而严格的计划，有助于理清思路，提升判断分析能力，从而为个案的开展做好尽可能的准备，同时也为个案最后的评估提供参照。

一、实验目的

计划的制订意味着服务方案的明确，其中需考虑目标的确立及其具体化、方案的探讨与选择、服务形式的确定、时间与人员的安排等等。本章围绕以上内容，有重点地帮助学员学习如何动态地与案主探讨解决问题的方案，考量方案选择的重要依据，并在角色扮演中加以有效运用。此外，也通过服务计划的针对性练习，进一步提升学员评估问题与解决问题的能力，学习制订规范而完整的服务计划书。

学完本章，学员将可以达成下列目标：

(1)通过几个案例的分析与探索，对治疗计划的大致框架与思路有一定的把握。

(2)认识到案主所处环境的文化因素，从案主的需求与特性出发制订适合案主的计划。

(3)借着案例的演示与讨论，学习综合运用多种技巧完成计划的制订。

二、实验要求

制订计划需要学员整合各方面的知识与技巧，学员应先行学习社会工作伦理、人类成长与环境、人际沟通、个案社会工作等方面的课程，对问题评估与问题解决所涉及的内容与环节有较系统的学习与认知。同时能常常反省自己的立场与内在声音，不让自己的未处理情绪影响个案的判断，避免让自我意识凌驾于案主意识之上，学习寻求最适合案主的方案，而非“最好”的方案。

(1)实验时数：3 课时。

(2)实验设备：独立的面谈室、小教室、多媒体电子教学设备(包括摄像机、电脑、投影仪等)、可移动桌椅。

(3)实验人员选择：本章实验除全体成员参与的部分以外，在示范性的案例扮演中需注意依据学员的意愿与性别选择合适的对象；情境讨论与分享反思环节可以根据场地情况，分 6～10 人一组，进行探讨。

(4)实验前的准备工作：负责案例模拟的学员需在课前做好案例的准备工作，分担案主与社工的角色。在示范性的案例模拟中，进行角色扮演的学员宜先行一起演练；而临场反应性的案例建议扮演的学员只需做好自己角色的准备，不宜与其他扮演者探讨角色的互动，要学习以真实的自我去面对。此外，现场演练与情境讨论、课程反思的部分，教师需有相应的指引，帮助学员有目的地加以观察与思考。

三、实验要素

服务计划本身是对前阶段问题探寻的一个总结，同时又以未来为取向，指向问题的解决。可见，计划的制订为个案的进展奠定了基调。一份出色的服务计划需要经过与案主认真而深入的探讨，因为只有计划制订得具体且操作性强，才有较大可能得以实现。所以，计划的制订是一项重要而复杂的工程，下面将介绍一些重要的概念，以帮助初学者更好地把握这个过程。

1. 重点概念

本章的重点概念包括目标设定、服务方案产生的规则、效益评估。可以说,掌握了这三个方面,学员便掌握了制订计划的精髓。

(1)目标设定。个案面谈与一般谈话的区别之一在于前者是有目的的,是以解决案主问题为目标而开展的对话。这种专一的目标,有利于社工与案主一起付诸行动,促成问题的解决。所以,在构思行动计划之前,首先要设定目标,其意义在于:澄清问题所在,促进案主的参与,引导解决问题的行动方向,作为评估的指标。①

在制订计划时,首先要设定的是总目标,它是案主最终期望达到的理想结果,是一种较宽泛而长期的总体目标。为了落实总目标的达成,社工通常需要与案主一起按照情形的变化与时间的进度,细化出一系列的子目标,即具体目标。与总目标相比,具体目标应该是现实可行并能够测量的。此外,在具体目标之间还需有层级的变化,以逐步促成总目标的最终实现。所以,社工和案主往往会一起设定多个具体目标来实现一个单一的总目标。

(2)服务方案产生的规则。如果说具体目标是总目标的细化,那么服务方案就是具体目标进一步的细化。在这个过程中,需要社工与案主共同探讨,发展种种可能的方案,再从中选择最合适的方案。对于初学者而言,Wheeler 和 Janis(1980)总结的"有助于产生问题解决方案的七条规则",是一个不错的工作指引,其具体内容为:

①在产生解决方案的初期不要作出任何评价;

②尽可能地产生多种方案;

③试图独创;

④修正有缺陷的解决方案;

⑤请教他人;

⑥沉思是思想的源泉;

---

① 林万亿著:《当代社会工作:理论和方法》,台北五南图书出版公司 1999 年版,第 260 页。

⑦避免二择一。[①]

需要补充的一点是，社工在探索服务方案时，要注意明确社工、案主或其他相关人员的任务与责任，即他们什么时候需要做什么，完成什么任务。

(3)服务方案的选择。案主问题的解决首先是一个自决的过程。身为职业的助人者，社工应尊重案主对自身问题的理解与评价，注意考量案主的内在感受、承受能力、各方面资源，以最有助于实现案主利益最大化的方式来引导问题解决的过程。初学者常常易偏离这个方向，急于获得自我对于面谈进程的掌控，不由自主地评估案主的决断，热心地把自以为更好的方案兜售给案主。也有人会反过来，在诸种方案中不知如何取舍。

所以在各种可能的服务方案选取中，社工要充分注意案主的意愿，选取适合案主文化背景的方案。同时，可以评估不同方案的成本效益，从中选取较少投入而有较大回报的服务方案。以下是学员在进行方案抉择时需要注意的事项：

①尽可能地列出每一种服务方案的成本和效益。

②针对案主的问题和目标，比较哪一种服务方案更具成本效益。

③进一步分析，这种服务方案的效益是否大于成本。

④常常自问：我如何能够有效利用时间帮助案主达到最佳的效果。

2. 实验说明

服务计划是个案社会工作中日渐受到重视的一个部分，它既体现了社工处理个案的思路与能力，又是评估个案的重要参照。本章实验将通过一些案例介入思路的探讨、制订方案的训练、计划书的撰写与个案现场模拟的形式帮助学员把握计划书制订的要点，并扩展介入方案的思路，为真正开展个案做准备。下面，就实验的具体内容作些介绍。

---

① Thomas L. Creer 著，张清芳等译：《心理调适实用途径》，北京大学出版社 2005 年版，第 28 页。

(1)设定目标的训练。在设定目标的过程中,目标树的方法有助于初学者掌握如何把宽泛而模糊的总目标进一步细化。总目标就像一棵树的树干,具体目标则像树干上长出的树枝。以一个需要克服社交困难的案主为例,目标树的绘制如图9-1所示。

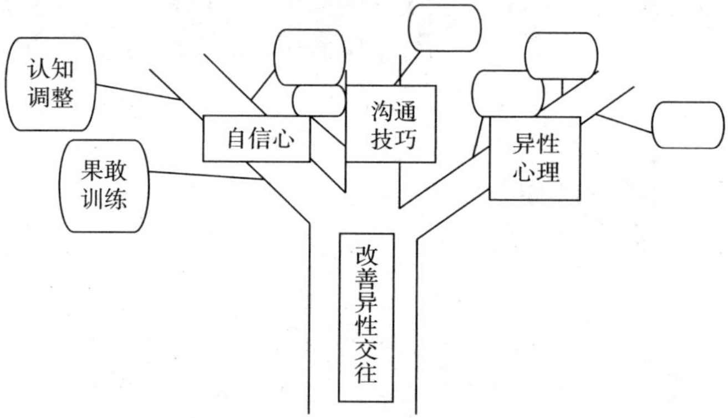

图9-1　目标树

学员可以根据这样的图表,把空栏填上,以逐步细化总目标。绘制的时候可以与案主一起探讨,里面的方案可以让案主来填写,并一步步细化。在这个过程中,具体目标,甚至行动方案都可以逐步呈现出来,并且图表的方式有助于案主和社工对整个服务计划的脉络一目了然。

在本模块实验中,首先布置了一个体察作业,让学员以两人小组的方式,通过目标设定的一些问题进行反思与探讨。其次则安排了两个案例让学员分组讨论,学习在面谈中如何运用目标树的框架,和案主一起设定总目标与具体目标。

(2)方案探讨的训练。根据 Wheeler 和 Janis 总结的有助于产生问题解决方案的七条规则,学员宜多加训练自己的发散性思维,并引导案主开阔思路,以产生尽可能多的方案。只有一个方案时,别无选择;有两个方案时,左右为难;因此学员要学习至少发展出三个方案,以提供案主尽可能多的选择。除此以外,学员还需学习如何从一个具体的目标发展出一系列的行动计划,在这个过程,注意对社工、案主和相关人员的任务和责任加以界定。

因而，本模块的实验内容由探讨多种可能方案与发展某具体方案的两方面训练为主。前者通过几个案例的探讨来完成，后者则有一组具体的对话演示，学员可以根据文字材料分饰相关角色，从中真实体验案主的感受以及社工在辅导中的位置，来学习如何回应和引导案主落实具体方案。

(3)计划书的协谈。前面两个模块的训练侧重在计划书的某些环节，本模块的训练则是一个统整的练习。但在这个统整的练习中，会注重培养学员对方案的取舍能力。所以本模块的一部分练习是回应第二模块，即在方案的探讨中，如何在诸多的方案中帮助案主选取合适的方案。学者总结了一些有助于取舍的依据方法，我们这里主要探讨成本效益的评估法。此外，学员还需注重整个服务计划的协谈是否有利于案主利益的最大化，是否适合案主所处的情境。

本模块的实验内容有一组完整的计划书协谈的示范对话，以帮助学员学习认识有经验的社工是如何开展整个计划期的面谈，又是如何探讨某些具体环节的。还有一些训练是案例的研讨，这部分实验通过分组作业的形式完成。课后练习部分则布置了计划书的写作，以弥补课堂实验在此方面的欠缺。这些训练是相辅相成的，可以使学员既掌握专门的技巧，又有系统的认知与训练。

四、实验内容

实验模块一：

设定目标训练

[练习1]

请学员两两一组，选取一件自己想改变的事情，与同伴探讨以下问题：

(1)就这件事情而言,想象一下你最期待的状态是怎样的?

(2)要达成这种状态,你自己或他人需要作哪些改变?

(3)这些改变会带来什么好处?

(4)这些改变可能带来什么风险?

(5)维持现状,可能会怎样?

(6)比较一下你目前的状态和你期望的状态,想想你更愿意站在哪个位置?

[练习 2]

请学员按照实验说明中目标树的框架,为以下案例绘制目标树,在此基础上分组进行探讨,制定出该案例的总体目标与具体目标,最后由指导教师带领全体学员作交流。

(1) 案主李小洁,17 岁,就读于某重点高中。父母都是高级知识分子,对女儿抱有较高的期望,李小洁学业也一直优秀,但性格内向,与人交往缺乏自信。来到这所重点高中后,同学们都很优秀,学校也有较多的社团活动。相比之下李小洁对自己的语言表达、才艺与交往能力都没有自信,和同学交往不太敢表达自己的意见与主张。到高二时,更发展到害怕上学,和同学交往日益被动。父母很为她担心,建议她找学校社工,她也表达了自己很想改变的意愿。

(2) 案主赵惠兰,女,40 多岁,结婚 18 年。赵惠兰是典型的以家庭为中心的女性,与丈夫陈先生育有一子,丈夫和儿子的生活起居都由她照料,但丈夫、儿子都不领情,嫌她唠叨。儿子明年要高考,赵女士为此特别紧张,什么事都不让儿子做,只要儿子专心学习。丈夫和她的教育理念不同,两人常在儿子教育的事上发生争执,儿子因此挺烦她。李女士很苦恼,也感到很委屈。

实验模块二:

方案探讨训练

[案例 1]

请学员组成 3 人小组,针对以下案例进行角色扮演,帮助案主探讨可能的解决方案。其中一人扮演社工，一人扮演案主，一人扮演观察者，时间许可的话，可以交换角色，直至每人都扮演过不同角色。最后由指导教师带领全体学员探讨此案例，并作交流分享。

案主林红玉，大四女生，正在某公司实习，还有两个月就要大学毕业，这时发现自己怀孕了。男友说会对她负责，但他目前在部队当兵，经济能力有限。林红玉也不敢告知家里，因为父母一直生活在小县城里，有着浓厚的传统道德观念。为此，她非常焦虑，不想放弃腹中的小生命，又对前途感到一片茫然。

[案例2]　小洁的烦恼(A)

社工：小洁，我们回顾一下，你上周说到自己不太敢在众人面前表达自己的意见，怕惹别人不高兴。尤其上英语课时特别紧张，害怕被叫到发言，因为怕自己发音不准确被同学笑话。还提到在面谈结束时，你希望自己有所改进，比如今后在上课时能多举手发言，在和同学相处时可以多表达自己的想法与意见。我们今天一起来就这些目标，探讨一下有什么方案可以帮助你达成你所想要的，好吗？

小洁：好的。不知道有什么方法可以消除我的紧张感和恐惧心理，我现在心里都害怕上英语课，每次都要鼓励自己才能硬着头皮去上课。

社工：对你来说，上英语课是一件挺辛苦的事，一直提心吊胆怕被点到。不过，现在回想一下，你是如何帮助自己坚持下来的呢？

小洁：想想不上课也不现实，爸爸妈妈肯定接受不了，自己只好硬着头皮去上课。

社工：我想请你回想一下，曾经有没有用到什么方法帮助自己在紧张时平静一些？

小洁：(沉思了一会儿)通常我会在老师要点名时，把身体往边上靠靠，眼睛回避老师的目光。如果老师点到我，我会提醒自己不要管别人怎么看，还会努力让自己放松些，有时候这些能帮到我一些。不过，有时候还是会紧张得一句话不说，这学期要更严重一些了。

社工：看来你也做过许多努力：想办法避免被老师点到，自我提醒，以及放松，这些方法曾经帮助到你一些。我这里也有一些实用的方法，曾经帮助到许多人减少他们的紧张感。比如，你刚才说到的放松。对于有些人来说，遇到紧张时，提醒自己要沉着、放松，就可以很快放松下来。

小洁：我也会提醒自己要放松，有时候是能帮到一些，但还是控制不住自己。

社工：是啊，有时压力太大，光提醒还不够，需要花更大的心力来克服，这就要做些专门的练习。比如，需要每天留一段专门的时间，让自己舒服地坐下，再专注于自己的呼吸，帮助自己体验放松的状态。练习多了，就能较快地控制自己身体的反应，减少自己的紧张感。

小洁：听起来不错，我可以试试。

社工：从我的辅导经验来说，我认为有几种方法可以帮助你控制自己的紧张情绪，你可以参考一下，看看是否适合你。刚才说的放松法是一种比较简单而容易学习的方法。它的原理是认为人不能同时体验紧张与放松，所以当你放松时，就不会紧张；同样在紧张时，也无法感受放松。还有两种方法也是在此基础上增加一些应对的技巧。这些方法可以帮助你在开始觉得紧张时，先有所觉察，然后可以学习去掌控这种紧张，避免情况恶化下去。相应地，它们也可以改善你的紧张感，让你更有效地发挥自己的水平。不知道你了解了吗？

小洁：大概了解了。哦，对了，我现在就有些恶化，虽然我会强迫自己去做些事，但我的神经一直紧绷着，我不希望自己这样下去。

社工：正是这样，神经紧绷会使人没有力量去做所担心的事情。如果控制了这种紧张情绪，你就能更主动地与人说话，在上课时尝试发言或回答问题。今天介绍的这些方法需要平时经常练习，因为改变不是一件容易的事，也不一定只有一种正确的方法，如果感到可行，实践下来有用，可以多种方法综合运用。

小洁：知道了。如果能帮助我摆脱那种紧张恐惧的情绪，我肯定愿意尝试的。具体要怎样做呢？

社工：我们今天先了解有哪些可行的方法，看看你确定想尝试哪种方法,然后再具体探讨怎样做。但是这都因人而异,重要的是你自己的把握与坚持。

小洁:知道了。还有什么方法呢?

社工:还有一种叫压力免疫法,它是从医学上借过来的概念。就好像小孩子打水痘疫苗,就可以避免得水痘。同样道理,学习压力免疫,可以帮助你处理上英语课以及和同学相处时的压力,使你不至于因压力而不敢表达自己甚至逃学。

小洁:那不会像打针那样痛吧?

社工:哦,不会的。是让你学习放松你的身体,同时思考一些帮助你处理这些压力情境的想法,来控制自己的紧张情绪和反应。你可以先在我这里练习,以后再慢慢用到和同学相处以及英语课上。这种方法的好处是全方位的,可以处理各种不同的神经反应,比如手掌冒汗、坐立不安,又比如你认为自己英语发音不标准,害怕同学笑话,还有你想逃离这种压力情境、不愿上学等等。

小洁:好像有些复杂,你会用到这些方法吗?

社工:你的问题很好,事实上,我也会有紧张或情绪失控的时候,我常使用这种方法,或者使用其中一部分。我知道我的一些同事也会使用这类的方法。其实,人是有很大主观能动性的,如果我们学习管理自己的情绪,控制神经紧张,压力情境就不再能控制我们了。这是一个完全可以学习的过程,也很有好处,许多时候它帮助我平静下来,以更好的方式去处理自己面对的问题。

小洁:听起来蛮有用的,我希望也能够帮到我。

社工:是的,你可以听完我的介绍后,考虑一下哪种方法对你目前来说,最适合操作。我要介绍的第三种方法叫做"减敏感法",这是一种帮助人们减少对情境焦虑的好方法。如果你采用这种方法,它可以帮助你降低对英语课压力的敏感度。

小洁:哦,是吗?好像也不错,但我具体要怎么做呢?

社工:这种方法也要先学习如何放松,在你放松时,可以想象你上英语课或者和同学在一起时的情况。常做这样的练习,可以帮助你在这些情境中,降低你的敏感性,不那么神经紧张。这种方法曾经帮助许多人减少对特殊情境的神经紧张，比如害怕考试、不敢去高的地方等。不过，和前两种方法相比，这种方法要花费更多一些的时间。

小洁：只要能帮助我摆脱对英语课的恐惧和跟人讲话时的紧张，我还是愿意去尝试的。反正我平常很多时间也是浪费掉的。

社工：看到你这么有改变的决心，我很高兴。我们大概要花3个月的时间来进行个别辅导，一起练习这些方法，帮助你处理压力问题。

小洁：好的。那接下来要怎样做呢？

社工：刚才提到的三种方法，我都觉得很好。这些方法曾经帮助许多人处理了他们的压力问题，对神经紧张、焦虑、恐惧情绪的改善都很有好处。并且，这些方法都有相应的指导手册，我可以提供给你，让你可以自行练习。当然，我也会帮助你学习使用这些方法。

小洁：谢谢。不过我还是不清楚自己要从哪里做起。

社工：没关系，我们可以一步步来，慢慢会熟悉的。一开始我们提到的放松法较容易上手，你可以在这里先学会如何放松，然后可以自行练习，它有助于你控制神经紧张的感觉和身体的感觉。接下来谈到的方法是压力免疫法，这种方法提供给你许多不同的技巧，来处理上英语课或者是和同学交往时的压力情境。第三种方法是减敏感法，这种方法是先使用放松，同时在放松时要想象有关上英语课以及和同学交往时的情景。这些方法需要你做日常的练习，如果不坚持，就难以发挥作用。不知道你更想从哪一种方法入手？从目前的状态看，哪种方法会对你最有帮助？

小洁：听起来，放松法简单易学，又可以自行练习，或者我可以先尝试这种方法，我希望能快些改善目前的状况。

社工：面对这些压力是让人很苦恼，你一开始就对这种方法感兴趣，你的考虑也很有道理，那么，我们等一下就可以开始练习。不过，改变还是需要时间的，有时候也可以根据需要对计划作些调整。

小洁：明白了，我会努力坚持的。

实验模块三：

计划书的协谈

[案例]　小洁的烦恼(B)

社工：小洁，不知道从上次谈话到现在，对于你所提到的希望处理的两个问题，有什么变化吗？比如你是否要增加些什么或者修正你的想法？

小洁：没有，这些问题仍然是我目前最想要处理的问题，其他问题都是小事，或者是由这两个问题引发的。

社工：看来这个星期你有很多思考，并且这些思考好像更让你明确了自己的目标。

小洁：是的，我想再这样下去不行，我会崩溃的。马上要高三了，我必须要调整好自己，免得爸爸妈妈操心。

社工：你真是一个有孝心的女儿。那我们可以一起来讨论一下行动计划，看怎样可以帮助你达到自己希望的改变。

小洁：好的，我已经决定要做改变，只是不清楚该怎样做。

社工：记得上周说到，三个月后你希望自己与现在有什么不同时，就上英语课部分，你说想做到不要太在乎别人的看法，上课时敢于回答问题，甚至能主动发言。这些都是很好的想法。如果下周起你要作些改变，你愿意从哪里做起呢？

小洁：嗯……如果我懂的问题，老师叫到我的话，我就好好回答吧。

社工：你说的好好回答具体是指什么呢？

小洁：就是可以清楚、大声地回答吧。

社工：那么，三四个星期后，你希望自己有什么变化呢？

小洁：或者可以在自己会的情况下，试试举手回答问题吧。

社工：好，又是一个突破。如果三个月以后呢，你希望自己在英语课上有什么表现？

小洁：遇到不明白的，或者自己有些什么想法，可以主动提问，不用怕别人笑话吧。

社工：很好，你已经提到三个阶段性的改变(做笔记)，我想把它记在纸上，等下可以作参考。还有什么你在英语课上想到的事情吗？

小洁：没有了，目前就是这些吧。

社工：好的，如果你想到还有什么的话，可以随时再告诉我。关于你和同学交往方面，你希望自己可以做些什么呢？

小洁：我想先尝试和要好的同学相处时，多些主动地表达自己的想法，有意见不一致的时候，可以提出自己的意见。然后再发展到和那些看来很自信、有些强势的同学交流时能不紧张，有时可以主动和他们打招呼。

社工：很棒，你已经知道自己要做什么了。我们先来看一下你打算先尝试的部分。你认为自己可以尝试一周几次和要好的同学主动交流，并提出自己不同的意见呢？

小洁：一周三次吧，可能后面可以逐步增加些。

社工：你目前在和好朋友交往时，主动表达自己的想法与不同意见的次数一周有多少次？

小洁：主动表达自己的想法可能偶尔有一两次，但表达和她们不同意见的次数几乎是零次。每次遇到这种情况，我都是附和她们，把自己的想法隐藏起来。和强势的同学相处时就更是如此了，大概两种情况都没有。不知怎么回事，一和那些很出色、很自信的同学待在一起，我就紧张，怕他们会笑话我，瞧不起我。

社工：所以，你说一周三次，主要是指和好朋友交往时主动表达自己的想法，如果是表达和她们的不同意见呢？

小洁：那可能就从一周一次开始吧，有总比没有好。

社工：好(作笔记)。什么时候开始你想尝试和很自信的同学主动打招呼，并表达自己的想法呢？

小洁：这好像有些困难。

社工：改变是挺挑战自我的，但如果你这样做，会有什么不同呢？

小洁：那我就不用那么紧张了，每天我的神经都是紧绷着的，我真的不想再这样了。

社工：还有什么好处吗？

小洁：我想那样的话，我可以腾出更多精力用在学习上，爸爸妈妈也会放心很多了。

社工：还有吗？

小洁：我会更快乐一些，可能会有更多的朋友。

社工：你希望将来的自己是这样的吗？

小洁：当然希望了，这也是我来到这里的主要目的。我会努力的。

社工：好的，我们不必急于马上都去尝试，可以一步一步来。那现在再想一想，要做到主动和强势的同学打招呼，多表达自己的想法，有什么阻碍呢？

小洁：我想最大的障碍还是我自己吧。首先，我要挑战我自己，尝试自己以前从来没做过的事。还有就是不要那么在意别人的看法。

社工：这确实要花一段时间。在开始之前，让我们来看看有没有什么人可以帮到你，或者有没有什么事物可以帮到你。

小洁：我有一个最好的朋友，她一直鼓励我，在我消极的时候总是给我打气。爸爸妈妈以前对我比较严厉，现在也比较关心我的感受，会开导我一些。还有，来这里和你谈谈，我的感觉也会好些，会更知道自己该怎么做。

社工：哦，那你已经有三个盟友了。现在你感觉怎样？

小洁：感觉有些信心。这样吧，我可以先一周一次和强势的同学打招呼，也许过段时间，我可以尝试向他们说说自己的想法。

社工：好的，我把这些都记录下来，以字为证哦（笑）。你来检查一下这些记录是否正确？

小洁：（认真查看）没错，但也有点害怕，我真的做得到这些吗？

社工：我所能确定的一件事是你的确拥有资源可以迈向这个目标，只要这个目标对你来说是重要的。如果我们向前进行时你感到有困惑或迟疑，我们可以停下来，探讨一下你的困惑是什么，有时也可以根据需要调整我们的计划。

小洁：好吧。

社工：那么看来计划已有了大概的雏形，时间我们定为三个月。等三个月后我们可以来看看目标达成的情况。现在，我们可以确定一下具体的进度表。你想一想一个月之后，你会进展到哪种程度？

小洁：大概可以一周两次和好朋友主动交流，一次表达自己的不同意见，一次和强势的同学打招呼。

社工：好，我们再花一点时间想想两个月后你的状况会怎样？

小洁：两个月后，可以尝试一周三次或四次和好朋友主动交流自己的想法，表达自己的不同意见。与强势同学打招呼，或者向强势同学表达自己的想法，可以一周一两次吧。

社工：哇，好厉害呀。两个月后我要刮目相看啦！

小洁：（不好意思地笑笑）可能主动交流自己的想法与打招呼没有问题，但表达自己的不同意见以及向强势同学表达自己的想法就好像要费劲些。

社工：你所说的费劲具体指什么呢？

小洁：就是不一定会和强势的同学交流那么多，和好朋友也不一定每次都会有不同的意见。

社工：你的意思是不想和强势同学交往过深，希望和他们保持一定距离吗？而好朋友之间你也认为要看谈论的具体情况，不一定什么时候会有想法上的不同。

小洁：是的，我希望和好朋友相处还是融洽的，那些很自信、有些强势的同学还是平淡交往就可以。

社工：那么，我们是否可以把行动定为遇到和好朋友有意见不一致、你又很想表达自己意见时，可以不隐藏自己的想法。和那些自信而有些强势的同学相处方面，则让自己心里的紧张感降低，每周尝试一次主动和他们交流一下。

小洁：嗯，这样可能更合适些。

社工：那么，请你闭上眼睛，想象和一位强势的同学相处的情境。体察一下心里的紧张感，然后告诉我，从1分到10分打分的话，10分代表最紧张，1分是最轻松，你目前会给自己打几分？

小洁:(闭眼想象一会儿)7 分或者 8 分吧。

社工:那么一个月之后,你希望自己降低到多少分呢?

小洁:三四分吧。

社工:我希望你可以再现实地考虑一下,我之所以提到一个月就是四个星期,是希望让你能在短时间内看到自己可能的进步,并减少这种心理的紧张感。你认为这么短的时间内,降低到三四分把握性如何?

小洁:可能高了些,还是五六分,我想应该可以达到。

社工:好的,那是我们的第一步,也许我们可以把这个目标维持一段时间。接下来,我们再看看三个月后,各方面情况可能有的改变。

小洁:三个月之后,我希望可以每天有一两次和好朋友主动表达自己的想法,遇到意见不一致时,如果真的想表达出来,就不隐藏自己的想法。和有些强势的同学可以每周主动打招呼两三次,偶尔可以交流一次,心里的紧张感降低到 4 分吧。

社工:好的,这些看来真的可行。现在我们来讨论看看,当第一个步骤完成时你的位置会是在哪里,需要做些什么,我们把它填进这个计划书栏目里。再看其余的步骤……(社工和小洁继续将后面的步骤分阶段排序,小洁则将它们依序列入计划书栏目里)

社工:好,现在我们已经制订出了整个计划,这样你能清楚地知道自己进展到哪一步。当然,在需要时,你还可以增加步骤或重新排列一些步骤。

小洁:好的。

[练习]

以下两个案例有助于学员了解案主某些特质对治疗计划的影响。学员们可以分成 7～8 人的小组探讨这方面的影响,并协商一份合宜的行动计划。最后可以在教师的带领下进行分组报告,以进一步拓展彼此的想法。

(1)案主黄宗明是一个佛教徒,父母在他小时候离异,从小他由祖父母带大，父亲常年在外跑车，很少顾家，也很少和他沟通。去年父亲患癌症，经尽力救治后陷入脑死亡的状态，医生建议放弃治疗。看着父亲备受疾病煎熬，案主作为照顾的直系亲属就签署了同意书，谁知此后父亲竟然撑了一周多才去世。为此，案主十分受良心的责备。并且他认为父亲生前对母亲家暴，又有外遇，作恶很多，会在地狱里受苦，因此心里很纠结，常常失眠，很痛苦。

(2)案主李志明是一家企业的副总，但在众人面前演讲时，常常会口吃，这很制约他事业的发展。为此，他很苦恼。李志明希望社工帮助他戒除口吃的毛病。作为一名社工，你要有一套完整的计划来帮助案主达成这项任务。在这份计划中，你需要精确地找出案主在哪些场合会口吃，以及这些情境对案主的主观意义是什么。请在5～10分钟内列出可能的资料，并自行评量一下这个计划。

五、分析与评估

本章的三个实验模块其实是环环相扣的，目标贯穿于计划制订的始终，方案围绕目标展开可行性的思路与策略，最后落实于具体的行动计划。所以一次完整的个案面谈，可能会三个环节交汇在一起，逐步澄清。但基本上还是有先后的顺序，分开来训练有助于学员逐步把握个案的具体进展及每个环节的核心议题。下面对以上的实验内容作些必要的分析，当然有时候答案并不是唯一的，学员之间相互的探讨可能会触发一些更有创意的服务方案。

此外，需要加以说明的是，本章案例演示方面一直沿用了同一个案例，即李小洁的案例，在第六章的评估部分也曾用到此案例。实验模块练习中的黄宗明案例在下一章也会有相应的演示。这样的安排是为了让学员系统地了解一个案的整体进展与其间的演绎和变化。深入地从一个案例着手探讨各种可能性与前后的衔接是一种很好的学习方法。学员把一个案例加以充分研究，有助于揣摩个案工作的精髓。

实验模块一:

设定目标训练

这部分的实验以目标的确立为中心,以下的要素是在分享、探讨中要关注的指标,学员可以以1-5分的评分进行自我测试,1代表最低分,5代表最高分。

(1)设定的目标是否是当事人关心的议题?

(2)目标是否符合案主的实际情况?

(3)目标是否是可以达到的?

(4)是否以正向的言词叙述目标?

(5)有没有衡量目标的利弊?

在第一个练习中探讨的问题主要围绕目标的设定。其中第1个问题欲了解的是期待目标,第2～4个问题有助于当事人目标的现实化,最后两个问题则力图帮助当事人确立具体的目标。这个练习选取以学员自我体验的方式为主,因为每一个成功的社工都应该是在自我领悟的基础上,才能有效帮助别人。并且社工在自我面临挑战的时候,才能洞察案主改变的困难,以及目标与方案到位与否导致的问题。但由于是个人性的探讨,所以从安全性考虑两两为一组,这样学员也有更充分的时间投入反思与领悟中。自我学习是一门重要的功课,在各层面的练习中,愿意自我提升的学员可在自己的身上做一下尝试,有条件的学员可以自我体验一次完整的被辅导过程,并且可以不断地自我辅导,自我成长。

第二个练习中案例一的总目标可以围绕社会交往来定,虽然怕上课会涉及学业问题,但李小洁的学习成绩其实一直并不差,只是因为注重他人的评价,在社会交往中引发紧张情绪导致的障碍。从改善社会交往的总目标入手,会涉及李小洁的自我价值层面、交往技巧层面与情绪管理层面,学员可以从此思路汇集案主问题潜在的资料,了解案主欲达到的期望。案例二的总目标是改善赵惠兰的家庭关系,涉及她与丈夫教育理念的冲突,与儿子的沟通问题,以及她的自我定位问题和情绪困扰。但仍然要关注的是案主自我想达成的具体期待是什么。

实验模块二：

方案探讨训练

本模块的实验由一个开放的角色扮演和一个据文字稿的案例模拟组成，学员可以由此比较一下自己与示范案例中社工的表现，如在面谈中的引导与回应，以及与案主探讨方案的策略与思路方面，存在哪些差异。这本身也是一种自我评估的方式。此外，在实验说明的环节里提出的"有助于产生问题解决方案的七条规则"，也可以作为学员自我分析与评估的指标，即你有否注意运用这些原则。如果能在即定的实验时间里用到4项以上，就是挺不错的一次扮演。

以下就第一个案例来做些分析，以供学员参考。此案例可以先和案主一起探讨可能的多种方案，同时也需要就每种方案的影响因素及其利弊加以分析。然后请她按优先顺序排列。以下是一份可能的清单：

(1)生下小孩，让人收养。她愿意养孩子，但意识到还没有做好当母亲的准备。

(2)生下小孩，让父母帮助抚养。这需要先和男友沟通好，男友很可能会同意。但在与父母沟通，取得他们的谅解和支持方面，案主有顾虑。

(3)生下小孩，自己养。先与男友达成共识，朝向婚姻方面准备与努力。不过案主担心父母是否会接受她的男友与这样的选择。

(4)人流。她曾经参加过生命教育的小组，不主张堕胎，也对人流可能导致将来身心方面的影响有担心，暂排最后。

在小组讨论中，每个学员的方案可能不一致，以上方案可以作一个参考。在讨论中，不要急于快速解决，先不要作评判，尽量多产生些可能的方案，多考虑可能的资源、可能的问题，注意与案主的具体社会生活情境结合。

在案例二中展示的是另外一番情境，社工先行对案主小洁曾经采取的解决方法作了一些探讨。在了解到案主缺乏足够的资讯后，社工根据自己的经验与专业知识提供了一些信息。因为尊重案主的自决不意味着社工不可以建议或提供资讯，相反让案主明了更多的选择才是负责任的行为。这种资讯的提供应该以一定的有效经验为基础，并且在面谈中确保案主足够了解其中的意思。当然最终的决定仍要交给案主。而案例二便是这种情形下的有效展示。

实验模块三：

计划书的协谈

本模块练习以小组讨论的形式开展，每位学员的服务方案可能不一致，我们可以根据实验说明中方案选择需思考的几项问题来评估哪种方案更有可取性。同时，这些问题也可以运用在我们和案主探讨多种方案的取舍上。在方案的最终选择上，成本效益的评估有助于案主明了哪种选择更好。

当然这方面的理解会因人而异，社工需要充分注重案主的选择，以及案主的社会文化背景。以下是学员在分析案例时可以参照的一些指引：

(1)你的服务计划是否符合案主的生活背景？是否考虑到案主的社会系统所产生的影响？

(2)你所拟的计划是否反映出案主的价值观和世界观？

(3)在与案主协谈时，是否考虑到案主原有的习惯、所偏好的语言？

(4)你的计划是否注意到案主的性别及其特点？

(5)服务计划在时间的长短方面与案主的需求和看法吻合程度如何？

以练习中的第一个案例为例。案主早年缺乏父母的关爱，由祖父母抚养长大,比较缺乏安全感。在他的自我陈述中,可能认为自己是一个无关轻重的人,要注意尽量不要打扰到别人。在他的记忆里交织着对父亲的爱与恨及许多无法放下的情结。由于是自己决定放弃对父亲的治疗,因此他很自责,疑惑自己是否做得对?加上佛教信仰的背景,他相信父亲在地狱受苦,而这也与他的选择有关,他甚至觉得是自己让父亲下了地狱(因他没有想到父亲后面还活了一周多)。他感到无法原谅自己,常常失眠,甚至有时会自我折磨来惩罚自己。

社工的服务计划应充分考虑到以上的许多因素,要回到他的语境里,看他和父亲的关系。同时信仰虽是导致他问题的一个因素,但也会是一个资源。你的计划是否考虑到此方面的作用,并从佛教的立场介入梳理案主对问题的理解?比如,佛教虽然讲地狱,但也讲往生;讲惩罚,但也讲慈悲。而念经超度也是一种平衡的方式,对自己是否也应该慈悲一些?作为社工的你有否和案主探讨这方面有助于问题解决的因素?

第二个案例同样需要社工注意了解案主在何种情况下口吃的问题明显?那种情境对他意味着什么?他又会有怎样的自我陈述?他的世界观、价值观如何?你的计划有否考虑到这些?而他的社会经济地位、年龄、性别、角色,以及这些因素对他语言的使用和理解的影响也是制订计划时要注意的问题。比如作为企业副总,案主会比较忙碌,在服务时间与方式方面,他会有何期待?等等。

示范案例中的面谈则呈现了另一方面的训练,即具体行动计划的探讨与拟订之过程。由于案主是未成年人,其问题会与家人的互动紧密相关。我们看到社工在计划协谈中始终关注案主生活的语境及其家庭中的动力系统。同时与案主小洁一起探索并拟订了治疗策略,以协助小洁减少对英语课与人际交往方面的紧张和被动。对计划的可行性、利弊因素与资源方面都作了一定的探讨,以进一步完善服务计划,保障后面的服务果效。

一般而言,作了适当的评估后,有经验的社工在制订计划时,会对介入的行动方案与策略有所考虑。有的案主问题主要与自己的认知、经验、能力等有关,有的案主问题则与家人的互动紧密关联,尤其是未成年人。所以工作的重点会很不一样。社工需要探寻案主的能力与资源,尊重案主本人的想法与选择,尽可能地选择最适合案主的方案,而非“最好”的方案。

六、课后练习

1. 利用空余时间,认真观看《心理访谈》或其他相关的辅导录像5个,对工作人员的辅导目标与介入方案加以梳理。再自行对其中的面谈目标进行结果评量,有条件的学员可以找一些同伴进行交流。最后形成一份不少于1 500字的报告。

2. 请就以下案例写一份具体的行动计划书。

案主张玉,今年45岁,同岁的丈夫于两个月前去世。在事业上,案主比丈夫更成功。她领导一家企业,给人以女强人的形象。丈夫则是国有单位的会计,工作稳定而平凡,个性也是与世无争。在家中,张玉比较以自我为中心,一直以来都是丈夫迁就她,做她的后盾。他们去年买下现在住的别墅,整个装修都是丈夫忙前忙后。为此也拖延了去看他在老家生病的母亲。待装修完工,丈夫便急忙赶赴老家,未及料理搬家之事。张玉为此很生气,在电话中对丈夫颇多埋怨。谁知与丈夫通电话的当晚老家人从医院打电话告知张玉丈夫刚刚离世,死因是突发心脏病。张玉十分自责,认为自己未尽到妻子之责,又想可能是自己在电话中与丈夫吵架惹丈夫生气,导致病情发作。因此两个月来她一直陷入痛苦中,不能自拔。

3. 案主为实验模块三中的黄宗明。经过几次面谈,社工使用完形治疗的“空椅子技巧”,让案主假设父亲坐在他对面的空椅子上,社工鼓励黄宗明对父亲表达自己的真实感受,把对父亲纠结的爱恨情绪发泄出来。在黄宗明不知如何表达时,社工还代替案主,质问父亲不是一个合格的父亲。案主当时觉得有些释放,但接下来的几次面谈对他几乎没有影响,他倒似乎显得更退缩并且更受到内疚的折磨。请思考社工所使用的介入方法与这名案主传统的孝道观念是否可能产生冲突?

第十章
如何促进案主的改变
——个人层面、家庭层面、综合层面

介入的过程其实从接案就开始了,但以促进改变为旨归的介入主要还是发生在治疗计划达成以后。此时期,案主已对自身的问题存在一定程度的认识,并已在某种程度上做好改变的准备,社工需要运用自身的知识、技巧和经验,帮助案主掌握及运用有效的方法去应对面临的问题,改善其生活质量。本章的内容便围绕个人层面、家庭层面、综合层面探讨促进案主改变的策略与技巧。

一、实验目的

本章的实验目标主要有两个:第一个在于帮助学员认识影响案主问题解决的三个因素,即案主的自我、案主与他人的互动、案主的外在环境,知晓这三个因素如何导致案主的困扰;第二个则是帮助学员学习从认知、沟通、资源整合等角度处理案主的问题,同时学习如何在个案中综合运用上篇的面谈技巧,尤其是支持与影响技巧,以在辅导中促进个案的进展,推动案主的改变。

学完本章,学员将可以达成下列目标:

(1)通过角色扮演,综合运用个案面谈的一般介入技巧,体会案主改变的心路历程。

(2)借着不同层面案例的演练与讨论,了解人本治疗、认知治疗、家庭治疗、心理剧等不同模式的辅导特点与相应技巧,注重理论与经验的结合。

二、实验要求

本章是介入阶段的模拟训练与学习，学员需掌握个案的一般过程与主要的理论流派，同时对一般介入技巧有专门的学习与训练。因为介入阶段是一个整合的过程，也是一个改变的历程，因此对社工的挑战很大。学员要学习根据案主的不同情况，灵活运用不同的介入模式与技巧，因而需要在基础的知识、经验与技巧上多加熟悉、演练，才能应对不同的场合与变化。建议学员可以在课后多观摩经验成熟者乃至名家的面谈录影或文字记录，并多做些个案的演练，以扩展自己的思路，提升自己临场应变能力与知识、经验的储备，从而优化介入阶段的学习效果。

(1)实验时数：3 课时。

(2)实验设备：独立的面谈室、小教室、多媒体电子教学设备(或摄像机、电脑、投影仪)、移动椅子。

(3)实验人员选择：本章实验有一定的挑战性，可考虑选择既有表演经验又有社工服务经验的人员做扮演者，让他们课前做好案例的准备工作，分担相应的角色。

(4)实验前的准备工作：考虑情境的真实性，教师可以根据实验内容的需要准备一些道具，并先行督导某些有难度的实验内容，让扮演者进行预演。同时尽量选择合适的场地，设置一些灯光与音乐背景，帮助当事人进入角色，增强现场的效果。

三、实验要素

个案辅导的实质就是要促进案主的改变，通过改变来消除导致案主产生困扰的因素，使他(她)走出过去的不理想状态，从而使问题得以解决。下面我们将围绕案主改变介绍一种跨理论的五阶段模式，并把实验中介入策略涉及的几个重要概念作一下介绍。

1. 重点概念

(1)改变的五阶段。Prochadka、DiClemente 和 Norcross(1992)通过临床的观察，总结出改变的五个发展历程，分别为：

①沉思前期(precontemplation):案主并未察觉需要改变或并无改变意愿;

②沉思期(contemplation):案主察觉需要改变并认真地思考,但并未决定要改变;

③准备期(preparation):案主决定在不久的将来采取某些行动,并且在不久之前也采取了某些行动但并没有成功;

④行动期(action):案主开始针对所希望的结果采取成功的行动步骤,但尚未达到希望的结果;

⑤维持期(maintenance):案主达成其目标,此阶段的工作在于预防退步并巩固行动所作的改变。

许多临床研究都支持这五个阶段模式的有效性,当案主在自身问题的认识上已进展到较后阶段时,改变较易顺利实现。五阶段模式的划分也有助于社工判断案主所处的位置,从而采取相应的针对性措施。改变的阶段及相应的介入策略如表 10-1 所示。

表 10-1　改变的阶段及其适合的介入策略

改变的阶段	适合的介入策略
沉思前期 沉思期	提供介入或改变强而有力的理由 教导案主有关改变的过程 权衡改变的利/弊
准备期 行动期 维持期	界定、迈向及评量所选择的结果 发展出适合的想法及技巧,以避免在辅导结束前故态复萌/退步

(2)影响改变的因素。了解影响改变的因素,有助于社工在面谈中把握介入的重点,并为社工能力的提升指明方向。根据多年的临床研究发现,以下四种因素是促使案主改变的重要因素,即:

①案主生活圈的因素:指案主能否从其生活环境中获取合适的社会支持。这种社会支持首先来自案主的自然支持系统,如其家庭成员、亲戚、朋友、同事、邻居等;其次是所处社区的一些相关机构,如居委会、社会工作服务站、社会保障办事处等。在国外,一些有相同经历或问题的人组成的自助团体也是社工广泛运用的社会支持

体系；

②良好助人关系的质量：指社工与案主间建立的专业工作关系是否良好、有效。前面的章节中已对此作了较多介绍。可以说，除案主的生活圈外，良好的助人关系是达成辅导效果、促进案主改变的第二个要考虑的重要因素；

③改变期望的强度：指案主对待改变所持的意愿程度，这对后面的辅导起着很重要的影响。当然这种意愿在辅导中是可以变化的，社工需要给案主灌注积极的希望，以激起案主的改变愿望；

④技术操作和理论原则：主要针对社工的专业知识和技巧而言，这是社工与非专业人士明显的区别所在。

不同的个案四种因素发挥的效用可能不同，但普遍来说，前面二者所占的影响比重较大。因为个人的身心健康与其从生活圈中获得的社会支持存在正相关性，许多案主的问题都源自缺乏相应的社会支持，所以强化案主的社会支持系统是社工致力的一个重要方向。此外，个案工作不同于小组或社区工作，社工专业自我的影响力更为凸显，他(她)需要与案主建立良好的专业关系，在此基础上才能运用专业的知识与技巧去发挥影响的效用。

(3)介入的理论模式。随着社会工作与心理学等相关专业的发展，临床的理论模式及其相关技术层出不穷。这些理论模式与辅导技术其实也是基于长期的实践积累，对社工的面谈工作有重要的指导意义。作为有志从事助人职业的学员，需要不断深入地学习多种理论模式与辅导技术，提升自己的专业自我与助人能力。

一般而言，人本主义、行为主义与精神分析是三大主流理论。临床的实证研究也发现，这三大理论是心理咨询师、社工、治疗师等从事辅导工作的人员最常运用的模式。其中，行为主义在后面的发展中，添加了许多认知层面的东西，而转化为认知行为治疗模式。人本主义的代表人物罗杰斯提出的真诚、接纳、同理至今在诸多流派中普遍受到重视与运用，人本主义思想也成为社会工作价值体系的核心来源之一。认知行为治疗模式强调人类主观认知活动对行为与情绪的影响，也看到人类行为中的刺激、反应机制。精神分析有助于我们理解案主问题的成因，其中自我防御机制与人格理论，在临床上受到较多关注。

晚近发展的一些短程治疗的理论模式，如任务中心模式、问题解决模式、危机干预模式，也不容忽略。这些短期疗法反对社工与案主之间有长期的工作过程，具有结构化的特点，大多发展出较固定的操作步骤，综合运用不同的干预方法，以试图改善人们处理事务的能力，解决其面临的实际问题。

此外，家庭为本的视角是个案社会工作中特别要关注的理论模式。家庭层面的干预技巧要点在于注意分析家庭的结构，观察家庭互动的沟通模式，学习以正面的方式反馈家庭成员，以促进家庭成员对问题看法的改变，习得良性的沟通方式，增进彼此的理解，共同面对家庭问题，从而帮助家庭的功能正常发挥。

2. 实验说明

介入阶段是个案社会工作中十分重要的环节，所涉及的内容也非常丰富。由于篇幅的限制，本章实验的设计只能呈现冰山的一角。同时，对于学员来说，许多内容都是新的知识与经验，所以本章的实验会有较多的示范案例，供学员观摩、思考、效法。下面，我们将依据介入层面的不同，即个人层面、家庭层面与综合层面，把实验分为三个模块，其说明如下。

(1)个人层面的介入。此层面的介入重点在于案主的自我改变，这种改变可能源自案主自身自我形象的改变、认知的重整或解决问题能力的提升等；也可能源自外界资源的建构与支持系统的帮助。本模块的实验则主要侧重来自案主自身的转变，这种转变相对来说更为困难，案主需要放弃过去固有的想法、观念、行为习惯，操练新的思考和解决问题的方式。社工往往是这种新信息的提供者，并有责任陪伴案主度过其间的冲突与适应，以确保服务的效果。

这部分的实验主要由两个案例构成。第一个案例是一个非正式的个案范例，但从中可以看到自我形象的改变对个体的影响是何等深远。本案例的主角为一个境遇不佳的小伙子，经由居委会主任的正面回馈，而获得新的自我形象，提升了自尊，改变了生活形态。第二个案例是一个离异母亲的案例，由于自身对完整家庭观念的执著，而不接纳目前的状态，也衍生出对孩子的内疚与担忧。社工从改变认知的角度切入，帮助案主调整观念，降低要求，从而促进案主问题的改善。

(2)家庭层面的介入。家庭对个体的影响是至关重要的，许多案主的问题是在家庭互动中形成的，所以要改变案主，必须改变家庭中的互动。在中国的文化氛围里，家庭又尤受国人注重，尤其是未成年案主的问题更需要在家庭层面来探讨。对于初学者来说，家庭层面的介入更具挑战性，学员可以尝试两个人一起来面对家庭成员，从而更好地兼顾到家庭的需要，也为彼此提供扶持和帮助。

本模块首先选择了一个夫妻关系的家庭个案，学员可以按照整理的对话做角色扮演，体会家庭中的互动及社工的关注视角、介入策略与带领技巧。之后可以展开讨论，以更充分地领会家庭治疗的特点与精髓。在此基础上，学员将面对一个真实的案例，此案例源于中国社工在实践中碰到的个案，有一定代表性。学员可以选取某种理论模式，或综合几种理论模式，去模拟案例的面谈过程，以学习在具体情境中如何应对不同的家庭成员及其间的问题。

(3)综合层面的介入。综合层面的介入既是过往所学知识、技巧与自身经验的综合，也是不同理论流派与模式的综合，同时也是多元方法的综合。此外，也指在处理有些个案时，要整合各方面的资源，以协力帮助案主解决问题。本模块的实验主要侧重于讲求时效的短程治疗模式，对于现在的社工来说，因评估的要求，更要注重时效，这些模式的训练将会有较大的用武之地。

本模块的实验由两个案例组成。一个是发生伤人事件的社区青少年，由于涉及面较广，问题较复杂，学员需要考虑综合层面的影响因素与资源，同时学习运用短程治疗的模式进行干预，以解决案主即时需解决的问题。另一个案例则是一种特殊的治疗方式，即心理剧的形式。该治疗师展现了如何在一个支持团体中单刀直入地为个案开展辅导。此案例可以拓宽学员的思路，学习以多元的方法解决案主的困扰。

四、实验内容

实验模块一：

个人层面的介入

[案例 1] 小董的改变

请学员们分析小董以前的自我形象及改变后的自我形象，说明居委会主任介入中的策略。

居委会主任(以下简称“主任”)：小董，你好！我是居委会的，这是我的工作证。你太太小沈跟我说了些你家的情况，今天冒昧过来，主要是听听你的想法。

小董：我有什么想法？她找你的，你就找她好了。

主任：小沈的话代表她的看法，今天特意来是想听听你的看法，相信你做事有你的考虑，可能也有你的道理，或者是需要。

小董：我有什么道理呀，道理总归都是她对了。像她说的，她嫁给我是倒了八辈子的霉了，我又没出息，又没钱，现在单位还开除我了。你们这些居委的，也不用来了，我也就这个样了。(拿起桌上的酒，倒了半杯)

主任：哦，那也难怪你不开心呵。单位里出这个事，太太也埋怨你，身边可能也没有合适的人说说话。

小董：在家里，爸妈就说我没出息，娶个老婆来挨骂。平时啊，我对她也不错了，不赌不嫖，攒的钱都给她。她还看不上，说我攒钱没人家谁谁谁老公多。我是没出息，那她去找个有出息的好了。

主任：话不能这么说，小沈也是嘴巴上说说，但心里也记得你对她的好呢。

小董：我有什么好啊？要钱没钱，要本事没本事，在单位也老受人挤兑。哎，我就是个窝囊废！(拿拳头重重砸在桌子上)

主任：小董，我知道你心里不好受。听你太太说你最近被单位辞退了，现在金融危机，你们这个行业的人很多都下岗了。这不能怪你,是一个阶段性的经济形势问题。你太太其实也没有怪你,她这次让我来不是说你不好,是她担心你现在的状况。

小董:我现在的状况怎么了?不就是喝两口酒吗?是,我是成天喝酒。她看不惯是不是?她不早就看不惯我吗?正好离了得了,大家解脱,我也不拦她了。(继续闷头喝酒)

主任:小董,这就是你不对了。你太太担心你喝酒对你身体不好,她不是要和你离婚。她让我们来劝劝你,是希望你振作起来。她其实还是挺爱你的,就是不会说话。她告诉我们你对父母孝顺,又很顾家,去年她被误诊为癌症,你说要卖了房子为她治病。她伤心绝望时,你虽然不知道怎么劝她,却和她说,把家里的钱全拿出来,和她一起去旅游,最后要死也两个人一起死。听了这句话,她特别感动,她说世上有哪个男人还会说和她一起死?她知道你说这话是真心的。

小董(抬起头):她真的这么说吗?

主任:是呀,小沈说你无论怎样她这辈子都要和你好好一起过的。

小董:可是,我现在拿什么和她一起好好过呀,我是没本事,没什么用。

主任:小董啊,不管别人怎么说,我觉得你就算没干什么大事,但你能像你太太说的那样孝顺、顾家,对太太那么实诚,就是一个天下难找的好男人。

(两个月后,小董来到居委会主任办公室)

小董:戴主任,您好!

主任:小董啊,你好,你好!

小董:谢谢您那天的一番话,长这么大,还是第一次听到有人这么鼓励我、肯定我。当然,我太太也给了我很大的支持,谢谢你们的帮忙。我现在已经戒酒,盘下了一个店面,准备和老婆一起开个饮食店。

主任:那好啊,我就说你是一个好小伙,有担当。

小董(不好意思地笑):嘿嘿……我记得你说的话,不一定干什么大事,能实实诚诚做个人就好。

主任：是啊，你说的多好啊，很多人还想不到这一点呢。没必要管人家怎么说，夫妻俩相互鼓励，同心同力，我们都会去捧你们场的。

小董：谢谢，谢谢！还是您那番话提醒了我，我后来一直想着您说的，也想着老婆说的话，就想自己要从头来，好好干，不能自己看不起自己。

主任：我说的是真话，这年代你这样的小伙子还真难找。

小董：我也想，自己也没做错什么，下岗的也不是我一个人；攒钱虽然不多，但也是自己攒自己花，对事对人也问心无愧，没必要自己看不起自己。

[案例 2]　焦虑的母亲

社工：玉琼，有什么事我可以帮助你？

玉琼：我的儿子现在 13 岁，到青春期了，情绪很不稳定。他把家里的门窗都拍坏了，拍得很疯狂。他想不通爸爸为什么会离开，我很难再控制他了。

社工：孩子到青春期了，这时候父亲离开，孩子不能接受。你一个人面对孩子也挺不容易，心里挺受挫，感到无助，是吗？

玉琼：对。

社工：这种感觉从 0 分到 10 分，你会打几分？

玉琼：8 分。

社工：很强。

玉琼：是的，我觉得挺对不起儿子，看到他不开心我特别难受，我觉得自己不是一个好母亲，连完整的家庭都无法给他。

社工：心里爱儿子，看到儿子的状况让你很自责。你认为好母亲是怎样的？

（在一张纸上画一条直线，一头写好母亲，另一头写不好母亲，随着玉琼的讲述在好母亲与不好母亲的两端记录相关特质）

玉琼：关心孩子，给孩子好的环境，给孩子完整的家庭；温柔和蔼、理解孩子。

社工：你觉得一个好的家庭是怎样的？

玉琼：轻松、温馨、有沟通，能一起面对问题。

社工：还有呢？

玉琼：孩子出去，夫妻也有自己的空间，各有各的事情，也会在一起沟通。

社工：最不好、最不快乐的家庭是怎样的？

玉琼：不完整、不同心，各自为政，纠缠、争吵。

社工：你会给自己的家庭打几分？

玉琼：3分。

社工：（拿记录的纸张给玉琼）你再看一下不好与好的家庭，分数是否有改变？

玉琼：（默默地看了一会儿）家里也有不讲话、猜疑，但可能会好些，再加一二分吧，因为我们还是有好家庭的愿望。

社工：可现在分开了。

玉琼：分开也是为快乐，各自都有成长空间。

社工：分开也好？

玉琼：是好事，分开后两人反而有了沟通。不完整主要针对孩子，对夫妻讲可能是好事。

社工：分开影响到孩子。

玉琼：有两年挣扎，这两年他学习不稳定，脾气也不好，老敲打家里的东西。去年七八月份我们分开，好在他的状况也没有更糟。

社工：刚说各自为政是不好的家庭，现在觉得分开也有好处。

玉琼：那两年挣扎，两人互相忙自己的事，感觉相互不关心。

社工：好的家庭是相互支持，大家过去相处有不开心的地方。那过去是不开心多？

玉琼：他觉得结婚后都不快乐，13年都不快乐。

社工：以前在一起是不开心的、负面的经验多。你们分开没有支持也不会糟糕。

玉琼：对，一起的时候本来也没有支持，反而是牵挂多。

社工：最差也不那么差。

玉琼：现在想来，那两年最不快乐，我们不快乐，孩子也不快乐。

社工:你现在想不开心的家庭在一起也不快乐,孩子以前看你们不开心也没有好处。

玉琼:是。

社工:你现在给你和孩子在一起的家庭打几分?

玉琼:6分。

社工:为什么是6分?

玉琼:现在没有干扰的声音。虽然带孩子很辛苦,但现在没有另外的声音让我不开心,以前是他和儿子都来抢我的力量,现在就管儿子。

社工:如果仍然认为完整的家庭才是好家庭,那么有什么好处?

玉琼:有人爱我、疼我,不快乐的时候有人分享,可以分担教育孩子的责任,保护面子。

社工:如果继续这样想家庭一定要完整,会带来什么影响?

玉琼:感觉没有发展空间,相互有牵扯、控制。

社工:你继续想要有完整家庭环境的坏处是什么?

玉琼:不快乐,孩子也不快乐,争吵、埋怨、筋疲力尽、冷暴力、痛苦、不忠诚。

社工:现在请你给这几项打分,每项可以给100分。你继续想家庭完整才快乐,有人爱你疼你几分?

玉琼:10分。

(在社工的带领下,玉琼依次打分如下:有人分享40分,分担责任50分,保护面子100分)

社工:保护面子100分。坏处呢?

(玉琼依次打分如下:不快乐80分,孩子不快乐80分,争吵埋怨90分,筋疲力尽100分,冷暴力90分,很痛苦100分,不忠诚90分)

社工:这样看来,如你坚持家庭完整才快乐,成立吗?

玉琼:不成立。

社工:有时我们可能不知道自己真的需要什么,你自己要放宽自己的想法。

玉琼:其实那是很传统的观念。

社工:你分数那么低,还要坚持吗?

玉琼:现在还在努力,他一周来,一周不来,都是为了孩子。孩子说要爸爸,不给就敲。

社工:那孩子要爸爸,你会怎样?

玉琼:我把孩子送到他爸爸那儿去,现在他爸爸带的时间更多,但他会说他没办法。

社工:你会怎样回应呢?

玉琼:我说我也没有办法。

社工:嗯,好。

社工:谈下来你的感觉怎样?

玉琼:开始觉得家庭问题解决不了,现在觉得完整家庭的想法会让我自由飞翔的梦想不能实现。

实验模块二:

家庭层面的介入

[案例 1]　夫妻关系的家庭治疗案例

主述:丈夫何伟,39 岁,某大学教授。妻子文君,35 岁,某大专院校教师,博士在读。两人结婚 6 年,孩子小明今年 4 岁。两个月前,文君通过网络聊天记录,意外发现丈夫有外遇,深受打击,接下来的一周文君天天彻夜无眠。看到妻子这样伤心,何伟心里非常自责,对文君郑重赔礼道歉,并保证不再与那位女士联系。但文君伤心之余,对婚姻也失去了信心。于是,带着难以排遣的心理伤痕,文君来到某间家庭服务中心,寻求辅导。后来,在社工的建议下,夫妻二人一同来进行家庭治疗。下面是个案辅导的部分会谈记录。

社工(对何伟):很高兴你今天能和文君一起来到我们服务中心,这对许多男性来说,是需要有些突破的。

何伟(略笑笑):这也是我应该做的。

社工(对文君):看来,你丈夫还是很在意你,也很希望维护你们婚姻的。

文君：他最近是对我比较好，会帮忙照顾孩子，做些家务。

社工(对文君)：上次你和我诉说了你的担心。现在你丈夫也在，你能把你的担心和他讲一下吗？

文君(沉吟了一下，对着社工说)：主要还是今后如何克服心结，与丈夫相处吧……

社工(打断文君)：你转向你丈夫，像在家里一样叫他的名字，和他说。

文君(转向何伟)：大伟，我觉得自己还是有个心结，现在想到那件事，心里会觉得堵得慌，有时会搞不清楚哪个才是真实的你，也不知道怎样面对你。

何伟：我知道那件事对你伤害很大，我也很抱歉。

文君：唔……(开始哭)

社工(对何伟)：我看到你太太很受伤，她可能非常信任你，却想不到会发生这样令她失望的事。她很需要你的安慰与支持，你愿意提供帮助吗？

何伟：文君，对不起，别哭了……

社工：我看到很多丈夫在太太伤心时，都会拥抱她，保护她。你要不要这样安慰你的太太？

(何伟挪动椅子，靠近文君，伸手去揽她的肩膀，文君转过身去，背对何伟)

社工(对文君)：你真的不要理你的丈夫吗？你这样是要推开他，他就很难接近你。不是不知道怎样面对，是你愿不愿意去面对。

(文君渐渐转过身来，何伟则揽着她的肩，安慰她)

社工(对文君)：当你愿意的时候，我们就可以来学习怎样去面对。

文君：(点点头)

社工(对夫妻)：请你们站起来，面对面站着，就好像你们以前恋爱的时候。

(夫妻俩面对面站着，中间间隔了 1 米的距离)

社工：你们走近些，互相拉着手，看着彼此的眼睛，回想你们恋爱的时候，是不是这样子的感觉。

(夫妻俩走近些，何伟主动拉起文君的手，两人互相对视)

何伟、文君(回应)：是的。

社工(对何伟)：想想那时文君最令你欣赏的是什么？告诉她。

何伟(对文君)：文君，记得在我妹妹的婚礼上，第一次看到你，就觉得你是一个特别温柔细腻的女孩子，人也很清秀。从看见你的第一眼，我就喜欢上了你。

社工(对文君)：你也可以告诉何伟你当时欣赏他的地方。

文君(对何伟)：大伟，那时我们真的很快乐，想到什么事情都第一个要告诉对方。在我看来，你是我终身最可靠的伴侣。我也很欣赏你的才华，你对父母的孝顺，还有你办事的踏实。

社工(走到夫妻身边，让夫妻站开些)：你们结婚后，因为一些事难免会起冲突，通常会因什么事发生争吵？那时你们做了些什么？

文君：他后来边工作边读博士，很少照顾家庭，常常自己关在书房里，对着电脑。那段时间，我生了孩子，又要带孩子，就会生他的气。

社工(对文君)：所以你会指责他，向他抱怨。

文君：是的。

社工(让文君伸手指着丈夫)：好，你指着他。(转向丈夫)你这时会做什么？

何伟：我也知道她很辛苦。不过，有时我想帮忙，她又怕我带不好孩子，帮倒忙，不要我做。我就会不理她了。

社工(让何伟背过身，走得更远些，然后对文君)：是这样的吗？

文君：(点头)

社工(拿一个布娃娃充当孩子，对文君)：孩子在哪里呢？

文君(伸手拿过娃娃，抱在怀里)：在我怀里。

社工(对何伟)：你看到这样子，有什么感受？

何伟：我觉得家里好像不太需要我，有时就在实验室待到挺晚才回家。

社工(用手指着何伟，对文君)：你看到他这样子，心里有什么感受?

文君:挺难过的,我知道他其实蛮让着我的。

社工(对文君):想不想一直这样?

文君:(摇摇头)

社工:那你们商量一下,希望是怎样的。

(夫妻俩最终摆了这样一幅家庭图:丈夫揽着妻子的肩,妻子则抱着娃娃)

[案例 2]

小杰,18 岁,高一,中考时以该届新生第四名的成绩考入高中。由于网络成瘾影响学业,高一期末考试考砸后,校方令他留级,父母求助社工。社工发现小杰和父母之间的对立情绪非常强烈,他提出由父母每月拿出 3 000 元作为他的房租费和生活费,自己一个人在外租房生活。为此小杰父母的意见不统一,母亲坚决反对,父亲表示可以协商,为此夫妻二人也闹矛盾。

社工在和整个家庭接触的过程中发现,孩子的表现是父母夫妻问题的症状表现。主要原因在于他们家缺乏家庭氛围,母亲看不起父亲,父亲不关心母亲,父亲对孩子视而不见,拿钱来满足孩子的任何要求,母亲抓住孩子不放,孩子就拼命躲到网络中。在整个服务过程中,父母对他们之间的问题避而不谈,却希望社工能为他们开一个药方,使孩子有所改变。

请学员分饰社工、案主及其家人角色,扮演一次介入期的面谈。

实验模块三:

综合层面的介入

[案例 1]

小费幼年时母亲因病去世,父子俩相依为命,日子勉勉强强地维持着。父亲后来又结婚了,帮小费找了个新妈妈,新妈妈对他不闻不问。更不幸的是，小费刚上初中时，父亲也因病去世了，继母随即搬走。小费只能投靠年迈的祖母，祖母没有精力管教小费，小费因此混迹社区，染上一些不良习惯，曾被送入工读学校，半年后即逃学在家。经社区青少年社工的帮助，小费进入阳光展翅学历培训班读书。刚开始时情况很正常，可是突然与要好的同学发生争执并动了手，使对方受伤，被带进了公安机关。

请学员分组探讨本案例，思考一下作为社工，将如何综合各层面的资源，实施你的介入策略，继续帮助案主。

［案例 2］　心理剧

案主黄宗明，情况如上一章所述。因为内疚于自己的决定，黄宗明晚上经常做噩梦，梦到父亲临死前红红的眼睛，睡眠很糟。此后，他参加某社工组织的心理剧工作坊，希望获得帮助。以下片断是以案主为主角，社工通过心理剧进行干预的过程。

社工：你现在想想，你爸爸在哪里？

黄宗明：我知道不会在天堂。

社工：为什么不会在天堂呢？

黄宗明：他做了很多孽。

社工：你爸爸会在地狱吗？

黄宗明：嗯，因为他死时状态很恐怖。

社工：怎样恐怖？

黄宗明：医生本来说他不行了，但放弃治疗后，他还支撑了 11 天。他整个人的样子都已经拖得走形了，两只眼睛都凸出充血。我后来做梦都老梦到他的眼睛。

社工：梦到他眼睛。在地狱里是怎样子？

（随着黄宗明的描述，社工让助手拿两个凳子背对背隔开些放置，用一块黑布搭在凳子上。再让一个助手蒙着黑布坐在两个凳子间的空地上，拿着一个小手电筒放在下眼睑处对着眼睛照射，再关闭室中灯光）

社工：你看看是这样吗？

黄宗明:(转头看看,再点头)

社工:看看爸爸,心里感觉怎样?你要他下地狱是吗?

黄宗明:是。

社工:你对他生气是吗?

黄宗明:(点头)

社工:他现在已经不在世了,他能原谅你,你做错了什么?

黄宗明:我没有尽力。

社工:你没尽力,没做手术试图挽救他?

黄宗明:是。

社工:做手术有用吗?

黄宗明:机会渺茫。

社工:机会渺茫,你要他受苦吗?

黄宗明:没想到他之后还撑了那么久,撑了11天。

社工:你的宗教告诉你是他的孽债,还是你给他的?

黄宗明:他的孽债。

社工:他的孽债,是吗?

黄宗明:是。

社工:你欠他什么?他欠你才多呢!

黄宗明:是这样,但不想承认。

社工:你的宗教说他该下地狱,你有你的孽债,他有他的。

黄宗明:是。

社工:你不能救他,是吗?

黄宗明:是。

社工:他没尽到父亲责任,他活该是吗?

黄宗明:是。

社工:你躺在垫子上像小孩耍赖那样把愤怒发泄出来。

黄宗明:我不应该发怒。

社工:你不应该发怒?你是超人,超人有什么罪?

黄宗明:自大。

社工:把鞋子脱掉,躺下去,仰躺着。(示范,手脚用力拍打垫子)

黄宗明:(躺下,又坐起)

社工:看着爸爸,我不是要你打爸爸,是要你把情绪发泄出来。

(黄宗明仍坐着未动)

社工:你要不要做,随便你。

黄宗明:(片刻后,躺下敲打,但无声)

社工:喊出来,嘴巴张开,把声音放出来。

黄宗明:(拍打,并喊叫)啊……

社工:继续。

黄宗明:(用力拍打垫子,并喊叫)啊……

社工:跟他说,你该下地狱。

黄宗明:(无声)

社工:继续,把想骂他的说出来。

黄宗明:(停下拍打,躺着开始倾诉)你为什么这么不负责任?

社工:为什么要生下我?

黄宗明:为什么要生下我?

社工:为什么要生下我还不养?

黄宗明:是,为什么生下我还不养?

社工:该下地狱。

黄宗明:你从来没好好养过我,不是爷爷死,你还不回来。你甚至以我的名义和那女人在一起。为什么骗家里人?在你死的那一刻我才知道。他们笑话你为那女人抽烟喝酒犯病死了。每个周末骗家里人,以各种理由和那女人在一起。

社工:你下地狱活该,你有没有想到过我?我是个无辜的孩子。你花天酒地,不管我!全发泄出来。

黄宗明:你藏得那么好,我不知道你有没有把我们当家里人。你老人家每星期20分钟在家里就很感谢了。你满意了,我也满意了。如果有来生,不要这样。这样不好。家里人说你神秘,现在同学也说我神秘,不知我想什么。我像你,所以也理解你。

社工:角色交换,做你爸爸,让林方(助手)做你可以吗?

黄宗明:可以。

社工:(对着黄宗明)你为什么不养儿子?你是什么样的爸爸?以前是工作忙吗?

黄宗明:(饰爸爸,点头)

社工:你在做什么工作,这么忙?

黄宗明:搞货运的,出差忙。很少有时间在家里。

社工:有没有管你儿子?有没有尽你做爸爸的责任?

黄宗明:我觉得和儿子很难沟通。

社工:很难沟通。为什么?

黄宗明:可能太久不在一起,不习惯。

社工:为什么太久不在一起?为什么?和我说一下。

黄宗明:因为和现在的妻子结婚了,就在外面住。

社工:你的后事怎么不让现在的老婆管?让你女儿管?

黄宗明:都有外遇。你不管她,她也不管你。所以后事让女儿管。

社工:你在地狱要对儿子说什么?

林方(饰儿子):你一星期在家20分钟都没有,你为什么生我?

社工:(对林方)要告诉爸爸什么?

林方:我没有爸爸,也没有妈妈。

社工:(对黄宗明)要告诉儿子什么?

黄宗明:以后各走各的路。

社工:你没养育儿子,你是什么样的爸爸,有没有对不起他?告诉他你为什么这样做?

黄宗明:我本来不想生他的。

社工:你是什么样的爸爸?你对得起儿子吗?你想怎样就怎样,能这样做爸爸吗?

黄宗明:(无声)

社工:你哪里学来的?一个爸爸应该怎样?

黄宗明:不知道。

社工:你爸爸怎样对你的?

黄宗明:小时候爸爸也回家晚。

社工:你小时候也没爸爸,爸爸回家晚,你看不到他是吗?所以你不知道怎么做爸爸。如果你有办法的话,你要怎样做?你要怎样爱儿子?

黄宗明:我会告诉他我的一些状况,告诉他,他应该会理解。

社工:你要他几岁理解?

黄宗明:9岁时和后妈结婚的时候,当时说是两个成年人的事,和他没关系。

社工:你现在要和儿子说什么?

黄宗明:以后各走各的路。

社工:角色交换。

林方:(扮爸爸)以后各走各的路。

黄宗明:以后两不相欠。

社工:是吗?

黄宗明:是的。

社工:你看看他的样子,想要他怎样?

黄宗明:我以后会帮你超度的。

五、分析与评估

介入阶段对于初学者来说是一个很有挑战的阶段,许多学员会感到问题深入的困难与干预问题时的棘手。本章的实验可以从不同层面展现案主改变的历程,以及影响案主改变的诸种因素,也体现了不同理论流派的特点。要在这么少的篇幅里探讨这么多的内容,同时体现个人层面、家庭层面、综合层面的介入特点,在此展示的案例起到的只能是抛砖引玉的作用。由于涉及层面不同、理论流派不同、工作重点也存在一定的差异,因此本章便不提供统一的评估量表或指引,学员们可以多体察不同介入手法的特点。希望下面的分析有助于学员的进一步深化,但真正的深化来自学员自身人生的积淀与经验的积累。

实验模块一:

个人层面的介入

案例1中小董的问题涉及精神分析即心理动力治疗的核心概念:自我形象。自我形象指个体对自我的看法。该流派认为,自我形象是使个体生命发展的潜力和限制的来源。良好的自我形象有利于个体更充分地发挥自己的潜力与长处。而负面的自我形象则使个体片面关注自己的短处与不足,以致影响能力的正常发挥;即使个体想突破,也往往会采取一种不恰当、具破坏性的方式。所以自我形象的改变成为互动中的焦点与辅导的目标。

前期的谈话中,小董认为居委会主任和太太站在一边,他认为自己没有什么本事,处于生活底层。父母认为他管不住老婆,太太认为他没用,不如别人丈夫攒钱多。而最近他被单位辞退,这加重了他认为自己无用的痛苦,限入整天酗酒的状态。太太可能因为不会沟通,而请居委会主任来帮助劝说,可是低落的自我形像使小董假设自己被别人看不起,由此使他陷于自暴自弃、怨愤的情绪中。以往挫折的经历容易激起他的这些负性情绪,使他现在采取具破坏性、让自己丢脸的行为模式,从而强化了自己的负性形象,落入了恶性的循环往复中。

居委会主任从小董太太的谈话中了解到小董为人孝顺,顾家,对妻子真心实意,于是把这种正面的信息传递给他,让他看到居委会主任眼中一个不一样的自己。同时也通过转诉小董太太的心里话,使案主感受到妻子的认可与支持。这些反馈使得小董改变了自我看法,认为“自己也没做错什么,下岗的也不是我一个人;攒钱虽然不多,但也是自己攒自己花,对事对人也问心无愧,没必要自己看不起自己”。于是,他决定振作起来,保持尊重自己的态度,进行自我控制,戒掉酒瘾。同时,也在妻子的支持下,开饮食店自食其力。这将进一步强化他的自我价值感和意志力,使他能不断做出促进个体发展、提升自我形象的决定,从而进入良性的自我完善中。

案例 2 中的个体改变则源自玉琼对好母亲与好家庭的认知改变。过去“完整的家庭才是好家庭”、“能提供完整家庭给孩子的母亲才是好母亲”的僵化信念，使得玉琼对离婚的现实不能接纳，对儿子负疚，对自己自责，从而落入伤心、自责、无助、抑郁的负面情绪中。社工一方面通过事实的论辩帮助玉琼审视离婚的利弊，重新看待离婚这个事件，挑战她过往的信念；另一方面还采取评分的方式，让她区分出好母亲、坏母亲，好家庭、不好家庭的标准，拓宽她的视野，使她能放宽尺度，对自身的家庭与自己母亲的角色再次给以理性的定位。

这个案例运用的是认知治疗的模式，此模式的辅导目标在于挑战案主不合理的思维方式，使片面、受限制、僵化的条规变得弹性化，从而获得一种更正确的看问题的视角，以合理的认知取代过往错误的认知。所以，突破过往的思维陷阱成为工作中的焦点，社工在工作中需要注意把握案主的核心问题，明确其认知偏差产生的根源。

实验模块二：

家庭层面的介入

一般而言，家庭层面的介入重点有三方面：一是帮助家庭改变对问题的看法，尝试从家庭互动系统中看问题；二是社工要注意帮助家庭建立良性的互动方式，从正面角度加以回馈，促进家庭成员间的沟通与表达；三是调整家庭不合理的结构，厘清边届与次系统的关系。虽然家庭治疗的流派不同，重点会有所改变，但以上三点仍是初学者注意要把握的重点。

本模块案例 1 中的家庭成员初始对问题的看法是外遇问题，过错在于丈夫。社工则帮助夫妻俩看到的是孩子其实也成为丈夫和妻子之间的第三者，丈夫其实因妻子与孩子的联盟而游离于家庭之外，妻子指责的态度更拉开了夫妻之间的距离。正是由于存在着距离，才会有第三者介入的空间。所以妻子也存在相当程度的过错。但社工的目的不是为了指出妻子的过错。家庭系统存在一定的权力平衡,妻子因为自认无辜,而不愿轻易原谅丈夫(当然,丈夫犯了重大的错误)。不过,丈夫已明确表示认错,并付诸行动,妻子此时便成为家庭动力系统中重要的一方,如妻子看到自己也应承担责任时,便较容易接受改变,从而导致关系的转化。

值得称道的是,社工始终注意注入正向的力量。比如,先肯定丈夫的付出,通过回顾恋爱时的甜蜜及期待未来美满的图景,促进家庭结构的转化,改善夫妻之间的关系。此外,社工也创造性地运用了多重技巧促进辅导的效果。比如,以布娃娃为道具,形象化地表达夫妻之间关系的障碍;与一方联盟挑战另一方促使夫妻重建他们的沟通方式;运用现实化、操纵空间、指定任务等技巧来协助家庭结构的转化等。学员们可以从本案例中体会社工娴熟的技巧与灵活多样的策略,同时应看到未来关系图景的建构奠定了治疗成功的基石,接下来就可以处理沟通、伤害、家庭结构等方面的问题。

小杰的案例则体现了父亲在夫妻关系与亲子关系中的缺位,导致夫妻关系疏离,儿子缺乏父亲权威的引导与管教。同时疏离的夫妻关系使得母亲与儿子过于纠缠,儿子则因不良的家庭关系与结构而浮现出许多行为问题,网络成瘾可能是他不满家庭关系与逃离母亲纠缠的行为表达。社工需看到问题的爆发可能是家庭转化的契机,虽然夫妻不愿谈及自己的问题,但运用他们对孩子的关爱,帮助他们了解孩子对家庭的看法以及家庭对孩子的影响,可能可以找到改善夫妻关系的沟通方式、增进彼此关系的契机。当夫妻系统得到加强时,将有助于母亲学习对儿子放手,有助于夫妻协商处理儿子的问题,以帮助儿子找到自己的空间与定位。

实验模块三:

综合层面的介入

本模块的设计是帮助学员了解一些复杂的个案可能涉及多层面

的合作，同时辅导的手法也可能多元。案例 1 中的小费身世坎坷，面临学业、就业、经济、法律等多方面的问题，尤其是目前的打架事件与培训的事宜是必须要马上处理的棘手问题。社工需要与小费及其家人、同学及其家人、公安系统、培训学校教师与校方领导，以及相关的一些机构与部门打交道，营建合作、互信的工作关系，努力整合资源促进问题的妥善解决。尤其在中国这个重关系的社会，社工除应具备个案辅导的相应能力外，在处理本案例时，还需要具备一定的公关能力、协谈能力、整合资源的能力、合作共事的能力，这样才能胜任助人的工作。

由于案例 1 的特殊时效要求，社工可以采取问题解决或焦点治疗等短期治疗模式。在介入策略中，社工首先需帮助案主与家人取得其同学及家长的信任和谅解，促进本案的协商解决，以免案主陷入民事或刑事的法律事务中。在可能的赔偿中，需要整合案主家人方面的资源，达成合理的赔偿。而接着要考虑的事项是小费能否继续在原学校接受培训，或者再寻找另外的公益培训机构，以帮助他更好地实现就业，步入正常的轨道，远离不良群体的影响。在此过程中，还需要帮助小费认识到自己的问题所在，吸取经验教训，珍惜与身边的亲人、朋友相处的机会，开始更负责任地生活。

案例 2 是一个心理剧，它是一种小组与个案工作相结合的方式。在个案辅导中，社工可以注意结合个案、小组、社区、社会行政等多元的方法，促进个案效果的最优化。本案例的选取可以帮助学员学习创意、多元的手法促进案主的改变。社工采用道具、组员的角色扮演再现了案主梦中的情境，帮助案主体察自身的感受，抒发内在的情绪，理清内在纠结的思绪。而角色的互换、情绪的宣泄、社工的面质与引导则进一步促进案主的转化与医治，使案主最终得到释然与领悟。

六、课后练习

1. 请学员自行选取一个近期引发自身情绪的事件，自我监测 1

个月,记录事情的情境、你的感受、感受背后的想法与信念,尝试分析这些想法合理与否,探索自己的思维陷阱,学习进行自我论辩,尝试以更合理的想法代替。最后以 0～10 分(分值越高代表技巧运用越好)自我评估你的认知重构技巧。

2. 选取一个困扰自己的小问题,找一名社工或有一定专业能力的人士,请他(她)来辅导你,体验一次被辅导的经历。事后记录自己被辅导的过程,对自我的认知、转化与改变或辅导的感受加以反思,写一篇手记。

第十一章
如何进行结案
——离别情绪、巩固既得成果、转介

结案期是个案社会工作进展的最后阶段。结案通常是源于困扰案主的问题已获得有效解决,原定的服务目标已经由辅导达成。但有时也存在案主提前终止服务,或社工离职等原因导致个案提前终结的情况。在不同的情况下,案主的反应会有较大差异,社工需要有针对性地加以处理。

一、实验目的

本章的实验围绕结案期的任务展开,学员将首先学习辨识案主对个案进展与关系终结的情绪反应,体认其内在感受,练习作相应的处理。其次是围绕评估的各项指标,帮助学员运用聚焦、引领、正面反馈等技巧,知晓如何与案主一起评估目标达成的情况。再次是认识后期跟进服务的重要性,知道如何完成跟进中的评估、巩固案主已取得的成长等任务。

学完本章,学员将可以达成下列目标:

(1)通过体验性的练习和专门的演练,学习在有挑战性的情境中处理案主的负面情绪感受。

(2)借着几个案例的角色扮演,熟悉结案期的面谈流程与工作任务,并能把正向的提升贯彻于面谈的始终。

二、实验要求

结案期与接案期相对应,一个是关系的终结,一个是关系的开始,都要求社工特别关注人际交往中的心理活动。所以学员应对交往心理学、个体的心理动力,尤其是离别情境中的情绪反应有一定的学习与体察。此外,对社会工作的评估及总结与提升技巧要多加学习。由于结案期也涉及一些机构的行政工作,建议学员了解目前社会工作机构对结案的要求与相应的文本范式,同时先行学习社会工作行政的相关章节。

(1)实验时数:3 课时。

(2)实验设备:独立的面谈室、小教室、多媒体电子教学设备(或摄像机、电脑、投影仪)、移动椅子。

(3)实验人员选择:根据案例的要求,选择合适的人员扮演相应的角色。社工的扮演者应有一定的实务能力,而案主角色可以优先考虑有相似经验者。如时间允许,教师也可以随机让一些学员上来替代某些角色,进行自发性的回应。

(4)实验前的准备工作:案例讨论部分,教师宜事先思考案例,并准备一些问题。角色扮演者课前应做好准备工作,熟记对话的内容,事先进行预演,以更好地分担社工与案主的角色。

三、实验要素

在结案期,社工有其既定的工作任务,主要有:决定何时结案,处理分离过程中社工与案主双方可能出现的情绪反应,评估个案服务的效果及目标达成的程度,帮助案主保持已有的进步并促进其不断成长。此外,进行适当的转介也是结案期要面对的工作,而后续的跟进服务也会归入这个阶段。虽然效果评估与问题评估不尽相同,但有些技巧还是相通的。前面已有对问题评估的专门训练,本章便略过效果评估的环节。所以,以下的实验将围绕离别情绪、巩固既得成果、转介这三个要素展开。

1. 重点概念

(1)离别情绪。离别情绪是社工与案主都会经验到的情绪反应,大多数的社工与案主的情绪反应是正面的,因为他们曾共同经历案主的成长、问题的解决,而有种成就感。但有些案主可能会因人生此阶段的一段重要关系即将结束,而经验到被遗弃的感受,陷入无助、退缩或者攻击性的负面情绪中。此时他们可能表现出对社工的过度依赖,旧问题又重复出现,或者又产生新的问题以及去找寻替代者。

而有的社工也可能出现失落、哀伤和忧虑等情绪反应。当原定的计划目标已达成,社工却不愿结案,并出现心绪不宁,对结案期来临感到压力,就应该警觉自己的反移情反应。

(2)巩固既得成果。在结案期,社工的一个重要任务是和案主一起回顾整个历程,帮助案主进一步认识到自己一步步发生的转变,从中总结成长的经验,以巩固所取得的成果。此外,社工还需注意有些案主可能出现的倒退、所习得新的经验之稳定情况,可以与案主探讨今后如何自己去强化已取得的经验,帮助案主分析今后可能面临的问题与挑战,以对未来做好预期和准备,为案主结案之后的平稳过渡做好铺垫。

在这里,社工需注意把远见带给案主,并抱着负责任的态度,尽力为案主的利益考虑,防止问题的复发,促进案主的不断成长。为此,社工可以引导案主使用一些自我放松、自我监控、自我管理的技术,也可以向案主介绍一些自助团体与社区中的相应服务机构,帮助案主运用生活圈中的一些资源。此外,社工还可以根据具体情况提供后续的跟进服务,适时了解案主的进展情况,评估其改变和成长的持久度,鼓励案主依靠自身的力量继续走好人生之路。

(3)转介。转介可能发生在个案进展中的不同阶段。可能个案进展到一半时,社工要离职,或者双方之间出现难以处理的移情反应,社工需要把案主进行适当的转介;也可能是结案中社工发现案主需要其他的帮助,而自身不适于向他(她)提供服务时,因而考虑让其他专业人员向案主提供服务。总之,转介其实是一种非正常的结案。

由于转介的原因不同,社工需妥善处理案主的情绪,尤其是因为社工的原因导致的转介,案主容易产生抵触情绪,并质疑工作人员是否尽职尽心。社工要注意对案主的情绪加以同理,向案主介绍转介的原因及新工作人员的背景,认真安排并出席社工、案主与新工作人员三方的会谈,促进案主与新工作人员的相互熟识,使转介工作平稳过渡。

2. 实验说明

针对上面所述的三个实验要素，我们配备了相应的实验模块，以帮助学员熟悉和掌握相关的面谈要点与策略。但本章的实验将更关注学员的自我觉察与成长，所以案例更多以社工生的实际应对为例，学员可以更多看到自己身上的影子与特点。同时也鼓励学员在学习与习得他人的经验上，去尝试运用、发展自己的方式，更多关注自发性的东西。因为那是个案辅导中最具生命力的事物，模仿他人的成功经验固然重要，发展自己的风格更重要。信任自我、认识自我、运用自我、发展自我始终是社工不应忽视的内容。在某种意义上，也是做好个案的本质所在。下面，将就此方面进行专门的设计与练习。

(1)离别情绪的处理。面临离别，社工和案主难免会出现一些情绪反应，作为一名专业工作人员，首先应学会处理自身的情绪。这就需要社工做到自我觉察、自我了解，学习提升自我控制、自我调节的能力；同时及时处理自己成长过程中的未完成事件，不断自我成长，从而更成熟地应对有压力的情境与舒缓自己的心理情结。其次，社工还需学习一些"立即性"技术，以处理自己与案主此时此刻的想法和感觉，以立即、真诚的沟通方式调整彼此的角色与互动关系，巩固合作关系。

本模块的实验根据同一个案例设计了两个练习。这个案例的主角是一名女大学生，在服务取得一定成效后，对预计的结案似乎没有准备，或不愿接受。第一个练习展示的是社工较顺应案主，但未能取得明显效果，学员可以针对此案例作一些探讨。第二个练习展示的是有经验的社工应对案主离别情绪的示范。通过反思与对比，学员可以体会不当处理导致的负面影响，从而认真学习如何应对案主的负面情绪与不当要求。

(2)既得成果的巩固。结案期一般意味着案主前来求助的问题已获得一定程度的解决，这个解决过程往往不是一蹴而就的，对于案主来说可能是一次重要的人生洗礼与蜕变。社工通过回顾、总结与未来探讨，可以帮助案主深化对这种转变与成长的认识，从而增强他们的自立感与对事务和人生的控制感,以巩固服务的成效。

本模块的两个实验围绕这个目标设定,学员在此会看到两名社工生的案例,初学者从中可能看到自己的影子。比如缺乏经验的社工生较快地略过过程回顾与经验总结,忽略对案主今后可能面临的问题与挑战的探讨,遗漏评估或寻求案主回馈的环节等。学员可以探讨社工生在个案处理中的长处,以及可能带来的弊端,对他们技巧运用的部分与措词的恰当与否等方面也可以加以分析。

(3)非正常结案。非正常结案可能源自案主对服务效果的不满意,或因经济、生病、离世等原因而提前中止服务;也可能源于社工的离职、实习生的实习结束等原因需要转介。这两种情况可能发生的比例不高,但一旦出现需要转介或提前中止服务的情形,就是一个需要特别关注的事件。如果处理不当,极易引起案主的不满,可能对案主造成伤害,导致个案的彻底失败。对于初学者来说,非正常结案是一个相对棘手的问题,因此,我们特别设置了这方面的训练。

在本模块中,同样安排了两种较常见的情境。一种是经验不足的社工在工作中未能有效处理个案,案主因而不满意服务效果,提前要中止个案。另一种是社工实习生因实习的结束而需要中止个案,并把个案转介给机构的其他工作人员。学员通过角色扮演,可以练习在不同情境下的应对方式,并把握相应的工作程序。

四、实验内容

实验模块一:

离别情绪的处理训练

本模块针对同一个案例设计两种不同的处置,学员们可以分组探讨:

(1)案例1中为何方小红会出现这样的反应?从哪些对话可以

捕捉她的内在情绪感受？社工的处理思路如何？如果是你，会如何做？

(2)探讨完之后，老师可以把案例2中社工的处置发给学员们看；或者时间允许，再安排一组学员根据案例2的内容进行角色扮演。学员们可以根据本章第五部分“分析与评估”中模块一的评估指引，分析两名社工在处理案主离别情绪上的差异与效果。

(3)鼓励学员在此基础上尝试整合自己的方案，并现场进行角色扮演。

[案例1] 对失恋女生的辅导(A)

社工：看到你的笑容又回到了眼眸，真为你高兴，我想下次就可以结束会谈了。

方小红：这么快啊，那我再碰到问题怎么办呢？

社工：人生是会不断有问题涌现的，如果你觉得需要找社工来探讨，我们都会乐意提供帮助。

方小红：我昨天和宿舍的同学闹意见了。

社工：哦？是怎么回事呢？

方小红：算了，也是小事情。再说跟你讲也没用，你不是说下次就结束会谈了吗？

社工：看来，你有些不开心。刚才提到结束会谈是看到你最初过来时的失落与困惑已经有了很大的改变，因此也相信你在这个过程中有自己的成长。如果你现在遇到新的困扰，我们可以再探讨一下，看我是否能帮到你一些。

方小红：就是我以前跟你提到过的那个女生，她一点也不管别人的感受，昨天又把她的男朋友带到宿舍，卿卿我我地待到9点多还没走，我实在忍不住，就下逐客令了。

社工：当时你是怎样表述的呢？

方小红：我本来要发火的，但后来还是克制了自己，就说马上要关门了，你还不走呀？

社工：这种情况下，你能及时控制自己，做得很棒啊！

方小红：但我很生气，觉得那个女生故意刺激我，所以，她男朋友走后，我就说，麻烦他们要聊到外面聊，她听了也挺不开心。

社工：这会影响到你们的关系吗？

方小红：也没什么，反正和她也不是很近的关系，她也不在乎别人的感受，我也不用太在乎她。有谁又会真正在乎别人呢？

社工：一起相处，也是会碰到各种人，你自己能想开就好了。

方小红：是啊，只能自己想开了。我现在也好多了，要不我们今天就结束了吧，不用再等下次了。

[案例 2]　对失恋女生的辅导(B)

社工：小红，这段时间你很努力地调整自己，参加社团活动，也结交了一些朋友。如果现在你给自己的状态评分的话，0～10 分，你会给自己几分呢？

方小红：六七分吧。

社工：那我们拟订的目标已经达成了，祝贺你。按照计划，我们还有一次会谈，将进一步探讨一下计划执行的情况和其中的经验。

方小红：这么快啊，那我再碰到问题怎么办呢？

社工：前面制订协议的时候，我们已经商讨了整体计划与时间进度。但听到要结束会谈，你好像还没预备好？

方小红：是啊，这段路走过来，你给了我很大的帮助。如果不是你，我都不知自己现在会是什么样子。

社工：参加社团的决定，结交新朋友，这些是谁做的啊？

方小红：……是我，但也是在你的帮助下啊！

社工：那是谁来找我面谈的？

方小红：我明白你的意思，确实有我自己的努力。但你的理解、倾听，还有你总是那样有条理又独到的一些分析，真的给了我很大帮助与支持。昨天，我还和宿舍的同学闹意见了，我第一个想到的就是找你谈谈。

社工：谢谢你的信任。但小红，真正帮助你走出来的是你自己，社工也是你身边的资源，还有家人、朋友等等，这些不都是你自己去找来支持你自己,并且自己决定从那段感情中走出来的吗?

方小红:谢谢你,我知道了。

社工:应该谢谢你自己,所以和同学闹意见的事,小红自己能处理是吗?

方小红:(笑)对,其实也就有点不开心,还好,我能处理!

实验模块二:

既得成果的巩固训练

学员们仍以分组的形式讨论两个案例中的应对方式,注意结合自身的经验去分析案例与社工生的回应。

[案例 1] 小牧的改变

社工生:你看我们已经交流好几次了,并且共同探讨了解决问题的方法,还记得你刚来的时候的状况吗?

小牧:嗯,记得啊,愁眉不展,怨天尤人,反正情绪特别低落。

社工生:是啊,现在看看经过咱们共同的努力,你已经从过去的萎靡不振变成现在的乐观开朗,还参加了一些技术培训班,学得了一技之长,这是多么大的改变啊。

小牧:是啊,连我自己都想不到会有这么大的变化,回顾这段经历真是很感慨啊!我一定要坚持下去,因为我已经做到了好多以前我想都不愿想的事情。

社工生:小牧,你看经过咱们的努力,你已经有了很大的改变,以前你不爱学习,不自信,和家里的关系也闹得很僵。现在再看,你不但参加了学习班学习了一技之长,同时树立了良好的人生观,还有积极向上的心态,对于父母的行为也能够更好地理解,相处也变得融洽。这些变化都是值得我们庆贺的,我想你也会继续保持下去是吗?

小牧:嗯,是的。我真的很感谢你,现在的这些变化我以前是无论如何想不到的,更不要说做了。现在既然自己有了方向,有了好的发展，我一定会继续努力，使自己变得更好。

社工生：小牧，经过这一段时间的努力，你已经取得了一定的进步。那么，对于将来你有什么样的打算？

小牧：虽然我现在已经暂时有了一份工作，但我不想长此以往下去。我会在平时继续参加培训，学习一技之长，学扎实后找一份稳定的工作。

社工生：嗯，你能这样想，为自己的将来这样打算，我真的很为你感到高兴。

[案例 2]　方小红的心情

社工生：考完试这几天很轻松吧？

方小红：是啊，这几天都没课的，好爽啊。

社工生：是吗？好羡慕啊！

方小红：呵呵。

社工生：没有忘记写心情日记吧？

方小红：当然没有啊。（把一张记录纸递给社工）

社工生（边看边回应）：心情一直很不错嘛，好多笑脸啊。

方小红：是啊，最近心情一直很不错。前天我男朋友来看我，我还和同学去逛了趟街，买了条很喜欢的新裤子，还发现自己的一篇博文被人家推荐上去了，虽然还不一定过。

社工生：这个礼拜好多开心的事啊。

方小红：是啊。

社工生：就是因为考试感觉太差，所以心情有点不好，是吗？

方小红：对，不过也不是很难过，考完了就算再差也是一样开心的。

社工：在这次的心情日记里你完全没有提到小李，是因为你现在一直和她和平相处呢，还是因为不想提她呢？

方小红：其实是真的没发生什么值得记下来的事情。现在我觉得只要拿她当作一个一般的同学来对待，还是能够和她和平相处的。而且她最近也比较正常，大概是她也觉得再吵下去没意思吧。毕竟还要一起住三年啦，既然她不高兴再吵了，我当然也很开心。

社工生：虽然不是朋友，你也一样开心对吗？

方小红：是啊，能和谐相处就好。

社工生：你现在想到你们之间以前的事情还会觉得气愤、难过或者委屈吗？或者有时候想想还会觉得有点自责吗？

方小红：不会了，因为我觉得我已经做了自己该做的。现在觉得自己以前挺傻的，竟然会一而再、再而三地跟她讲那么多次，而且还会容忍她到这种地步。不明白自己当初怎么就一心想和她恢复良好的关系，甚至还同情她。

社工生：那如果有一天她又带男朋友过来，而且又是趁周末的时候带过来，你会怎么办呢？

方小红：我会直接跟她讲的。如果没用的话，我可以先和其他同学出去玩，等到其他室友来了再说。我们三个已经商量过了，不许她再带男朋友到寝室来。我们自己不会带，她也不能带。大家讲好之后，她以后应该不会再带过来了。如果再过来，只能找辅导员了。

社工生：解决不了的时候，大家坐下来严肃讨论也是个不错的方法。全寝室的人都一致同意了的话，她也应该会比较认真地对待了吧。

方小红：但愿啊，不然又要烦了。

社工生：是啊。上次你说想学跳舞，现在有开始行动吗？

方小红：呵呵，因为没学过嘛，不要白花钱上补习班，打算先下载点视频大致了解一下。看完之后再决定寒假要不要去学，寒假之前肯定是来不及了。

社工生：寒假还有什么计划吗？

方小红：打算出去旅游一次，好好玩玩，还打算准备一下明年的高级口译。

社工生：你寒假安排得好充实啊。

方小红：呵呵，每次放假都这样啊，计划了好多，却不一定实行。

社工生：可以试试列张书面的计划啊，这样可能会有点效果哦。我有同学国庆的时候连看电视都列了一张表呢！

方小红：啊？不会吧？

社工生：呵呵，他这个是稍微夸张了点，不过效果是很好啊，看电视非常有规律。你也可以写张计划表哦，比如每天要花多少时间在高级口译上。不然寒假好快的，每次假期结束我才发现好多事情都还没做。

方小红：是啊，今天拖明天，一直拖啊拖的计划就泡汤了。

社工生：是啊，我寒假也有好多计划呢，这次不能再浪费寒假时间了。一定要学点东西了，不想再把时间都花在没有意义的网络上了。

方小红：呵呵，希望你的计划能完成啊。

社工生：嘿嘿，我们都要争取完成啊。

社工生：上次谈话时你就已经改变很大了，这次的心情日记也显示你现在情绪一直很稳定，不会再轻易受到你和小李紧张关系的困扰了。所以今天我们要考虑结束个案辅导了，你还记得当初我们制订的目标吗？

方小红：记得啊，大致就是让我心情稳定下来，能保持愉快状态吧。

社工生：对，后来我们又制订了一个计划，比如多参加一些户外活动，扩大自己的人际圈，多看一些励志片，找到自己的梦想，调整自己对人对事的看法等，你觉得这些都完成得怎么样呢？

方小红：有些完成了，但是有些还需要更多的时间来完成吧。

社工生：其实，所有这些都只是想要你恢复到原来正常的生活，能有快乐的心情。你觉得单是这个目标完成得怎么样呢？

方小红：我觉得是做到了吧，最近一直挺开心的，面对小李也不会很生气了。

社工生：你觉得自己为什么会有这样的改变呢？

方小红：我觉得应该是自己的心态变了吧。看法变了心情也会不一样，现在觉得自己的生活挺充实的，有很多事情要去做，而且自己也比以前现实多了，刚来的时候心情真的是糟透了啊！

社工生：是啊，我还记得。当时，只要你一说起小李就会很激动。

方小红：因为我和她之间的矛盾实在是历史太长了，我付出的努力，还有我对她的同情，感觉都被她骗了，当然是一想起来就生气，而且还要住在一起！

社工生：而且那个时候她好像常常带男朋友过来，是吗？

方小红：是啊，其他的忍忍也就算了，就这个实在受不了。

社工生：不过，你现在已经知道该怎么做了，对吧？

方小红：是啊，干脆大家一起谈谈，各自保证，谁也不能违背，道理讲不通，就只能这样了。

社工生：这样的语气很不一样哦，这样说时你心里的感受如何？

方小红：放松、畅快。

社工生：怪不得有那么多笑脸呢！你觉得这四次辅导下来，我有什么帮助到你的吗？或者我有什么地方做得还不够的？能谈谈你的看法吗？

方小红：嗯，我觉得第一次的时候，你能听我讲那么多，真的不容易。当时一激动就忍不住一下子把我和她几年来的历史都抛出来了。

社工生：呵呵，这是职责所在嘛，而且我还担心没人愿意跟我讲他们的事情呢（开玩笑）。

方小红：呵呵。

社工生：还能谈谈我做得不够的地方吗？或者谈谈关于那个计划的感想？

方小红：我也没见过专业的社工，不过我觉得你做得应该还不错吧。我的心情也一直不错，谢谢你一直耐心地和我聊天，还帮我出主意。我觉得那份计划是需要比较长的时间才能完成的，要在平时的时候就注意改变，然后抓住机会多参加一些户外活动，生活会更充实吧。

社工生：嗯，那你觉得最后的心情日记对你有帮助吗？

方小红：还不错，我发现记录自己的心情也不是件坏事，发现自己这个礼拜有好多开心的事啊。如果没记下来，估计你问我的时候我就记不清楚这么多事了。

社工生：呵呵，看来这个还是有用的。

方小红：是啊。对了，你推荐的两部片子都不错哦。

社工生：呵呵，这次的看了吗？

方小红：看了啊，音乐很好听，舞蹈很不错，主角又很帅。

社工生：哈哈，我也看了哦。虽然情节没有《hone 小波》好看，不过其他的都很棒呢！

方小红：对啊，又增加了我寒假学跳舞的热情了。

社工生：呵呵，恭喜，好好学啊。

方小红：嗯，一定会的。

社工生：那我们今天就差不多了，我们的整个个案辅导也到今天结束了。谢谢你花这么多时间配合我做个案啊。

方小红：呵呵，我也要谢谢你，跟你聊天很快乐哦！

实验模块三：

非正常结案训练

[案例1]

社工小张参加工作不久，个案辅导的经验不够丰富。前天，他辅导的对象李志明在第四次面谈中，向小张表达中止个案服务的意愿。因为他认为自己没有多少改变，觉得小张可能无法帮助自己。请学员对此案例做一下情景模拟，如果大家有不同的处理意见，可以请多人上来进行角色扮演，也可以请资深的老师再做一次示范。学员可以观察并探讨不同处理方式的效果，并可以对比学员之间，以及学员和老师之间在处理此个案中的差异，以避免初学者易犯的错误。

[案例2]

社工生：这次是我最后一次正式和你谈话。

林芬：（沉默了一阵，好像很不开心）为什么？

社工生：因为我们的实习快要结束了，所以……

林芬:……

社工生:我们认识了多长时间呀?

林芬:差不多一个月。

社工生:我们聊过了你的家庭,你的社会交往圈,你年轻时的经历,还看了《阿甘正传》。其实我真的希望你可以扩大你的生活圈子,让生活丰富一些,那样你会开心一点。

林芬:改变真的是很不容易的,付出的代价太大。

社工生:是啊,这是我的希望,那你觉得和我这样聊聊,心情好些了吗?

林芬:有人和我聊一聊,有意思多了。

社工生:那么和我聊,你的感觉是什么?

林芬:(想了一阵)有一种被别人关心的感觉。

社工生:真的吗?

林芬:嗯。

社工生:你这样说,我很有成就感的。

林芬:你是应该有成就感的,我这样聊聊开心很多。

社工生:以后虽然没有这么正式的谈话了,但是只要我的实习没有结束,我就一直在楼上。你只要想找人说话,就可以来楼上找我。

林芬:你放心,我会的。

社工生:其实像小畅(案主的儿子,患自闭症)的很多行为问题,你可以多和凌老师(该机构的社工)交流交流,他能给你很多的建议。

林芬:我知道了,我会的。

社工生:你这次说的小畅拿筷子的问题,我会问问凌老师如何纠正,下次告诉你。

林芬:谢谢你。

社工生:希望你以后可以开心一点,小畅慢慢会好一些的。

林芬:嗯,谢谢你。

五、分析与评估

结案阶段的工作有时会被人忽视，其实这是一个非常重要的把关口。如果社工能注意梳理案主一路走来的历程，帮助案主看到自己的转变及自己的潜力，同时也注意把远见带给案主，以帮助案主把在个案中习得的经验进一步推广，便能保障、巩固与深化服务的效果。同时，离别情绪的处理也是工作中的重点。本模块的实验主要围绕以上两点设计，以下的分析与评估有助于学员进一步理解案例中的互动与结案工作的重要性和复杂性。

实验模块一：

离别情绪的处理训练

本模块是同一个案例的不同处置。在案例 1 的回应中，社工有些被案主带着走，当案主谈到“再碰到问题怎么办”并抛出新问题时，社工都在顺应案主，未能觉察案主的反应是对结束关系的情绪抵触。当案主说“有谁又会真正在乎别人呢?”，社工未回应案主的内在感受，并轻率地处理，从而导致案主的退缩反应。一般而言，有依赖感的案主，或者有被遗弃经验的案主，可能会自觉或不自觉地对专业关系的结束加以抵触，表现出抱怨、行为倒退、新问题涌现、回避或退缩等现象。社工若看到类似的现象，或觉察案主语气、神态的变化，捕捉其情绪的低落，需要谨慎处理。

案例 2 中的社工便有这种觉察，他意识到案主因过往习惯的依赖模式，对关系的中止有排斥与退缩反应。他的处理是未随着案主的步伐，而是跳出来，帮助案主确认自己的努力与能力，帮助案主学习相信并依靠自己的力量。找到了问题的症结，案主对离别可能怀有的焦虑、紧张情绪便能自行疏导。这样，离别时呈现的倒退现象反而可以成为案主再次成长的契机，从而进一步巩固服务中的效果。反之，如果社工去顺应案主，则会使案主回到过往的互动模式中，导致过往的问题又一次被强化，案主曾经有的进步便会消逝，甚至遭受再一次的打击。

此外,社工可以对案主的类似感受加以同理和积极关注,使案主感受到被理解与接纳,这样便有机会宣泄和疏导自身的情绪,学习如何有效处理。比如,当案主方小红说:"也没什么,反正和她也不是很近的关系,她也不在乎别人的感受,我也不用太在乎她。有谁又会真正在乎别人呢?"社工可以回应:"听起来你感觉不受关注,不被在意。是否我说快要结束会谈,让你有类似的感觉?"而案主说"我们今天就结束了吧,不用再等下次了",可能已产生了较强的受挫情绪,社工应注意去挽回,对自己工作不周到之处,可以真诚道歉。如果案主下次真的不来,社工可以通过家访或打电话的方式,找机会向案主重申自己的关怀,以及对她情绪反应的关注与理解,从而尽量消除负面的影响,使案主热心重燃,以克服不良的情绪和反应。

以下的几个问题可以帮助学员评估社工处理案主离别情绪时的专业能力,学员可以1～5分对社工的表现加以评估(1代表从不,2代表偶尔是,3代表有时候是,4代表经常是,5代表几乎总是)。

(1)社工觉察到案主的情绪反应。

(2)社工接纳案主的情绪反应。

(3)社工能同理案主的情绪反应。

(4)社工妥善处理案主的情绪反应。

(5)社工始终如一地关怀案主,以案主的利益为本。

实验模块二:

既得成果的巩固训练

本模块的两个案例都是社工生在实习过程中辅导的个案记录。因为专业的教导,他们会意识到结案时要和案主一起做回顾、总结与评估等工作。第一个案例的社工生主动引导案主回顾之前的状态,并与之后的状态比较,对案主的成长部分也有标明与小结。但一些表述上,如对过往的评价较多负面措词,易给案主造成不好的感受,不易让案主学习综合地看待自己，也学习不到运用优势视角看待问题。此外，回顾的环节过快，话语也有些重复，这可能源自初学者不知如何去细化，也不知如何去引导案主对中间的转变与自身的成长作反思、总结与提炼。而这些工作其实是不应忽略的，它将有助于案主更明白与进一步确认自己的成长，从而巩固成果，并深化自己的学习。

第二个案例的工作就相对细致些，对案主目前的进展与将来可能碰到的问题都作了一些探讨，对目标进行了核对，还让案主对自身的辅导作了评估。但与第一个案例相似，对案主转变中学习到的东西未作进一步探索。其实帮助案主看到成长，案主会受到鼓励，明白自己为何会发生转变，现在的自己和过去的自己有何不同，自己学习到哪些不同的处理方式与经验等等。接着帮助案主把这些成果巩固下来，并学习推广到实际生活中，这些是更为实质的东西。案主如果对此有较深的领悟与感受，有助于强化他(她)的学习效果。

所以，在巩固已有的成果中，社工可以反思自己有没有做到以下几点，并根据这些对自己的工作加以评估。如果社工对以下问题都有所考虑，并有较多的肯定回答，说明社工的工作较专业且到位。

(1)是否关注到案主已有的改变？

(2)有没有协助案主反思促进改变的因素是什么？

(3)有没有帮助案主确认改变是来自案主自己的努力？

(4)案主是否明白自己学到了哪些经验、教训？

(5)有没有探讨案主今后在相似问题或相关问题上可能碰到的困难？

(6)有没有启发案主进一步运用或推广已经习得的经验？

反过来看，社工还需要注意可能导致案主丧失即得成果的可能因素，同时有针对性地和案主作些探讨，以更有效地维持已有的成果。这些可能因素主要如下：①

① Dean H. Hepworth, Ronald H. Roonen, Jo Ann Larsen 著，张宏哲、顾美俐等译：《社会工作直接服务——理论与技巧》，台北洪叶文化事业有限公司 1999 年版，第 359－360 页。

(1)回复到过去习性或行为模式的自然倾向,例如:酗酒、攻击或退缩的行为;

(2)个人或者环境的压力源,例如:家庭的冲突、失业、健康问题、亲人的过世;

(3)环境之中缺乏社交或休闲的机会;

(4)社会技巧的不足;

(5)缺乏可以增强功能行为的媒介;

(6)对环境的改变准备不充分;

(7)无能抗拒同侪的压力;

(8)回到失能的家庭环境之中;

(9)新的行为模式的建立不够稳固。

此外,帮助案主自我评估与监控自己的行为表现,提供后续追踪、跟进的服务建议等,也有助于案主巩固既得的成果。这些方面是前两个案例做得不足的地方,当然,社工也未必需要面面俱到。但如果考量到案主可能存在倒退行为,就非常有必要对那些可能因素加以探讨,同时也可考虑一定时间的跟进服务。

实验模块三:

非正常结案训练

本模块的案例1源自案主对社工服务的不满,原因之一应该是与社工服务经验不足有关。每位社工都是从青涩走向成熟,当然这不意味着社工就有理由为服务的失当找借口。但既然这是一个必经的过程,每位立志从事社工行业的人就应该允许自己可能的犯错,同时也应该尽其所能去服务于案主,并不断追求自我成长。安排这个案例练习,可以帮助初学者体会到社工的责任,同时也可以学习如何应对案主不满的困难局面。

虽然案主可能对服务不满,社工仍应学习不放弃,可以真诚地询问案主对服务不满意之处在哪里及其可能的原因。对于案主单方面

提前结案的可能原因,美国学者坎弗和施凯福特作了如下分析:①

(1)他们感到已经实现了目标;

(2)他们相信尽管目标没有实现,但他们不再需要社工的帮助;

(3)他们害怕可能会被安排长期接受服务;

(4)他们不满意自己的进展,或者不满意社工帮助他们的方式;

(5)他们并没有看到助人的过程是和其问题相契合的;

(6)他们认为痛苦更大于所能产出的结果;

(7)他们的生活已经有了改变,不再需要接受服务。

社工可以通过面谈、电话、信件或探访等方式尽量向案主核对原因,表达自己的关切,看是否能促进进一步的探讨。如果案主执意结案或直接不再出现,社工要尊重案主的选择,但表明随时欢迎他(她)有需要时回来探讨。

案例2是实习生在实习期结束时提前向案主做的告白。这位实习生对实习的结束感到内疚,她在自己的个案记录中写道:“今天的结案让我觉得有点困难和难以启齿。因为通过这几次的面谈,案主刚刚完全接受了我,也相信了我,也感受到了我对她真诚的关心与关注,但是这样的关系刚刚建立,就要结束了。我有一丝惆怅,这是对实习的无奈,也是对现在这个快节奏的社会的无奈。任务中心流派的出现,标志着社会工作向注重效率转向,可是并非每种情况都适用于这种快速的解决方法,有的时候,真的是‘真心’和‘真诚’比所谓的技巧和方法都更重要,而效果也比效率更应该得到重视。”

这种内疚、无奈其实在初学者身上难免会出现,是学员们需要去体察与处理的情绪。反过来,案主在服务中断时也可能产生被遗弃的感觉。所以社工需要学习处理自己与案主的情绪感受。本案例中的社工生认识到案主的失落,但还不太有经验去处理。她说的“真诚”与“真心”确实很重要,在此她其实可以真诚地对案主表白自己的一些歉疚之心,并对案主的失落给予反馈,帮助案主处理自己的失落

① 朱眉华著:《社会工作实务(上)》,上海社会科学院出版社2003年版,第257页。

情绪,同时表达支持与关怀。转介的工作,社工生处理得也不太到位,应事前与转介的凌老师做好沟通,把自己结案的原因与凌老师的资质向案主说明,明确地征询案主的意见。在取得案主的同意后,再考虑安排可能的社工生、案主、凌老师的三方面谈。

在处理转介工作时,社工应该注意探讨以下几点:首先,应处理案主的情绪反应,帮助案主克服负面的情绪;其次,探讨案主对未来可能寻求额外协助的感觉;再次,在案主准备好的时候,才把焦点转移到转介工作上。最后,确认案主了解转介的目的与相应程序,做好相应的衔接工作。

六、课后练习

1. 请和其他学员组成三人小组,每人想好一个亲密关系中重要的他人,然后一起闭上眼睛,调整自己的呼吸,想象一下这个重要他人在你面前的样子以及你们在一起的一个温馨时刻。然后再想象这个重要他人突然离开了,你无法再联系到他(她),体会一下那一刻你心中的感受。再一起分享刚才的体验和感受,并讨论结案时案主可能有的感受以及你可能的回应,可以轮流进行角色体验。

2. 如果你是一位社工,因为工作调动,需要提前中止服务。而你的案主是一名 8 岁的儿童,刚和你建立了较好的信任关系。你将如何对他说明,请写出至少 20 句可能的对话。

参考文献

〔1〕林孟平. 辅导与心理治疗. 香港:商务印书馆,1994.

〔2〕Philip Priestley, James McGuire, David Flegg 等. 社工辅导技巧. 罗竹茜,译. 台北:远流出版事业股份有限公司,1994.

〔3〕鲍布·腓立普斯. 与豪猪共舞. 胡茉玲,译. 台北:校园书房出版社,1996.

〔4〕Ballew & Mink. 社会工作个案管理. 王介,等译. 台北:心理出版社,1998.

〔5〕林万亿. 当代社会工作:理论和方法. 台北:五南图书出版公司,1999.

〔6〕Dean H. Hepworth, Ponald H. Roonen, Jo Ann Larsen. 社会工作直接服务——理论与技巧. 张宏哲,顾美俐,等译. 台北:洪叶文化事业有限公司,1999.

〔7〕Sherry Cormier 和 Bill Cormier. 助人者的晤谈策略. 王文秀,等译. 台北:心理出版社,2000.

〔8〕Rita Sommers-Flanagan 等. 心理咨询面谈技术. 陈祉妍,等译. 北京:中国轻工业出版社,2001.

〔9〕吕民睿. 社会工作个案研究——方法、探讨与处遇. 台北:洪叶文化事业有限公司,2002.

〔10〕朱眉华. 社会工作实务(上). 上海:上海社会科学院出版社,2003.

〔11〕Sherry Cormier, Paula S. Nurius. 心理咨询师的问诊策略. 张建新,等译. 北京:中国轻工业出版社,2004.

〔12〕Thomas L. Creer. 心理调适实用途径. 张清芳,等译. 北京:北京大学出版社,2005.

〔13〕扎斯特罗等. 社会工作实务——应用与提高. 晏凤鸣,译. 北京:中国人民大学出版社,2005.

〔14〕黄陈碧苑等. 交往技巧的运用与分析. 北京:清华大学出版社,2005.

〔15〕张文霞,朱冬亮. 家庭社会工作. 北京:社会科学文献出版社,2005.

〔16〕Barry A Farber, Debora C Brink, Patricia M Raskin. 罗杰斯心理治疗——经典个案及专家点评. 郑钢,等译. 北京:中国轻工业出版社,2006.

〔17〕彼得·班克特. 谈话疗法:东西方心理治疗的历史. 李宏昀,沈梦蝶,译. 上海:上海社会科学院出版社,2006.

〔18〕巴史克. 心理治疗入门. 易之新,译. 成都:四川大学出版社,2006.

〔19〕黄惠惠. 助人历程与技巧. 成都:四川大学出版社,2006.

〔20〕维吉尼亚·萨提亚,米凯莱·鲍德温. 萨提亚治疗实录. 北京:世界图书出版公司,2006.

〔21〕杜景珍. 个案社会工作——理论与实务. 北京:中国水利水电出版社,2007.

〔22〕岳晓东. 登天的感觉. 上海:上海人民出版社,2008.

〔23〕黄维仁. 亲密之旅学员手册. 北京:中国轻工业出版社,2008.

〔24〕Prochadka, J. D., DiClemente, C., & Norcross, T. J. (1992). In search of people change: Applications to addictive behaviors. American Psychologist.

〔25〕Mallinckrodt. B., Gantt, D. & Coble, H. (1995). Working alliance、attachment memories, and social competencies of women in brief therapy. Journal of counseling psychology.

后　记

编撰本书的想法由来已久。自 2004 年担纲个案社会工作实验室课程教学工作以来，一直为准备教案及如何有效开展教学而颇费思量。与同行交流后，得知许多开课教师也有同样困惑。但自感才疏学浅，一直不敢动笔。借着张昱老师的鼓励与催促，又邀得华东师范大学社会学系赵鑫老师共同写作，本书才终于得以成文。其中不乏纰漏之处，相信自己在以后的教学中也会改进、修订一些内容。希望本书作为抛砖引玉之作，可以引来更多精彩而有创见的新作，使中国社会工作的实践教学与临床辅导工作得以日益推进。

本书分为上下两篇。上篇主要是个案社会工作技巧方面的训练，由赵鑫老师主笔；下篇则围绕个案社会工作的历程相应选择了一些重要环节的实验，由本人撰写。从目录中可见每一章节的主要内容，其中实验目的、实验要求与实验说明是实验前的指引；每章的实验内容一般都有五六个实验项目，开展教学的教师可以根据教学时数的要求自行选择适宜的内容；实验评估可在实验的过程中让学员们思考，教师可以视时机在教学过程中与学员进行分享与评估，也可在实验结束后加以探讨；课后练习也是不容忽视的环节，它有助于学员进一步深化学习内容，激发学员学习的自主性。

个案社会工作强调一对一的工作关系，工作者的专业自我是辅导中的有效资源。辅导中的进展不顺往往起因于工作者自身。所以社工的自我成长非常重要，建议学员们可以组织些学习小组，探讨心得与体会，交流彼此的困惑，同时激发出灵感，拓宽彼此的视野。在中国社会工作学科与心理学科发展尚不成熟的现阶段，同辈群体的支持与辅导是有效的工具，这对初学及今后的工作实践都大有裨益。

特别感谢上海华东理工大学社会工作系的师生们，在你们身上我学到了很多，一些实验的案例也源自学生们的个案实践，在此深表感谢！赵鑫老师对上海华东师范大学社会学系的师生们也有同样的谢忱！最后希望本书能让读者受益，也敬请读者批评指正！

刘华丽

2012 年 2 月

华东理工大学出版社社会工作图书推荐

推动中国社会工作教育事业发展　打造社会工作图书优势出版平台

华东理工大学出版社自 1990 年代开发社会工作图书以来，教材、专著、普通读物并举，理论与实务齐重，先后策划出版了"十五"国家重点图书"社会工作与管理丛书"、"十一五"国家重点图书"社会工作案例研究丛书"和"为了明天工程·社区青少年事务研究丛书"、"十一五"上海重点图书"社会工作名著译丛"、"十二五"上海重点图书"社会工作理论与实务丛书"、获准上海文化发展基金会图书出版专项基金资助出版图书"社会工作流派丛书"等。其中有 5 种图书被列为普通高等教育"十一五"国家级规划教材。目前我社已出版社会工作类专业图书上百种，重印与再版率达 60%以上，为推动中国社会工作专业的教育和研究，为社会工作专业的人才培养付出了努力，获得了社会工作界好评。

社会工作案例研究丛书（"十一五"国家重点图书）　丛书主编：马伊里　吴铎

社会工作案例精选　马伊里　吴铎
社会工作项目精选　王瑞鸿
残疾人社会工作案例评析　张福娟　杨福义　章淼榕
学校社会工作案例评析　文军　刘一飞
老年社会工作案例评析　范明林　周文　吴军
青少年社会工作案例评析　费梅苹　韩晓燕　刘庆元
家庭社会工作案例评析　朱眉华
医务社会工作案例评析　范斌
戒毒社会工作案例评析　王瑞鸿
福利社会工作案例评析　陈涛　朱希峰
社区矫正案例评析　张昱
社会工作职业机构案例评析　庄爱玲　姬中宪
中国儿童社会工作实务案例精选　陆士桢　王方　陈颖
中国青少年社会工作实务案例精选　陆士桢　李江英　洪江荣

社会工作名著译丛（上海市重点图书）　丛书主编：徐永祥　丛书副主编：何雪松

社会工作概论（第十版影印版）［美］O. William Farley
社会工作技巧手册　［美］Barry Cournoyer　**获 2008 年度全国引进版社科类优秀图书奖**
残疾人社会工作　［美］Juliet C. Rothman
女性主义社会工作——理论与实务　［英］Lena Dominelli
戒瘾社会工作　［澳］James G. Barber
儿童青少年社会工作　［美］Paula Allen Meares
学校社会工作（第五版）　［美］Paula Allen Meares
临床社会工作实务——一种整合的方法　［美］Marlene G. Cooper；Joan Granucci Lesser
家庭与夫妻治疗：案例与分析　［美］Salvador Minuchin　**获 2007 年度全国引进版社科类优秀图书奖**
家庭治疗——理论与方法（第六版）　［美］Michael P. Nichols
现代社会工作理论　［英］Malcolm Payne
精神健康——临床社会工作实践　［美］Roberta G. Sands
临床社会工作游戏治疗　［美］Elizabeth M. Timberlake
优势视角——社会工作实践的新模式　［美］Dennis Saleebey

社会福利政策导论 [美] Neil Gilbert **获全国高校出版社优秀畅销书奖和上海市优秀引进版图书奖**
社会工作评估——原理与方法 [美] Leon H. Ginsberg
青少年团体治疗——认知行为互动取向 [美] Sheldon D. Rose **获上海市优秀引进版图书奖**
社会工作研究方法 [美] Bonnie L. Yegidis

为了明天工程·社区青少年事务研究丛书（“十一五”国家重点图书） 丛书主编：罗国振

社区青少年社会工作研究 顾东辉
社区青少年社会工作方法与技巧研究 费梅苹
社区青少年社会工作的国际比较研究 文军
社区青少年教育与就业工作研究 石伟平 黄健 代蕊华
社区青少年法律研究 肖建国
社区青少年心理研究 桑标
2006—2009上海市社区青少年工作蓝皮书 上海市社区青少年事务办公室
项目为本：上海市青少年事务社会工作的本土探索 蔡忠
境外经验：青少年事务社会工作的项目研究 蔡忠
e路阳光——上海青少年网络成瘾综合矫治模式的实践与研究 上海市社区青少年事务办公室
e路阳光——上海青少年事务社工预防与矫治网瘾案例选编 上海市社区青少年事务办公室
青少年网络成瘾及其干预 马春雷 王易鸣
阳光点亮心灵——上海青少年事务社会工作案例汇编 蔡忠
预防犯罪与青年工作——沪港两地的探索与实践 香港青年协会 上海市青年联合会

上海文化发展基金会图书出版专项基金资助出版图书

社会工作流派丛书 徐永祥 何雪松
灾害社会工作 张昱
社会工作项目精选 王瑞鸿
进程农民工文化人格的嬗变 张乐天 徐连明 陶建杰
城管转型：从管控到服务 张良
城市化与小城镇社会管理研究 纪晓岚
流动儿童的社会适应：研究与行动 曾守锤
揭露，为了预防——我国儿童性侵犯研究报告 陆士桢 李玲
城市化进程与农村合作医疗制度可持续发展研究 程毅
低生育社会的来临——中国生育革命与政策抉择 杨发祥
发展人类学概论 潘天舒
科学传播导论 黄时进

联系我们
上海市梅陇路130号华东理工大学出版社 邮编：200237 网址：press. ecust. edu. cn
营销部样书索取：021—64250306－25 营销部购书电话：021—64250306
出版联系：
刘军 021—64253797 cuculiujun@126. com
姚璎 021—64252404 yaoyingcbs@126. com